PIÈCES DIPLOMATIQUES

RELATIVES AUX ANTÉCÉDENTS DE LA

GUERRE DE 1914

PUBLIÉES PAR LA RÉPUBLIQUE D'AUTRICHE

SUPPLÉMENTS ET ADDITIONS

AU LIVRE ROUGE AUSTRO-HONGROIS

Traduit par CAMILLE JORDAN
Ministre plénipotentiaire

PREMIÈRE PARTIE
DU 28 JUIN AU 23 JUILLET 1914

PARIS
ANCIENNE LIBRAIRIE SCHLEICHER
ALFRED COSTES, ÉDITEUR
8, RUE MONSIEUR-LE-PRINCE, 8

1922

ÉTAT-MAJOR DE L'ARMÉE
BUREAU

PIÈCES DIPLOMATIQUES

PUBLIÉES PAR LA RÉPUBLIQUE D'AUTRICHE

PIÈCES DIPLOMATIQUES

RELATIVES AUX ANTÉCÉDENTS DE LA

GUERRE DE 1914

PUBLIÉES PAR LA RÉPUBLIQUE D'AUTRICHE

SUPPLÉMENTS ET ADDITIONS

AU LIVRE ROUGE AUSTRO-HONGROIS

Traduit par **CAMILLE JORDAN**

Ministre plénipotentiaire

PREMIÈRE PARTIE

DU 28 JUIN AU 23 JUILLET 1914

PARIS

ANCIENNE LIBRAIRIE SCHLEICHER

ALFRED COSTES, ÉDITEUR

8, RUE MONSIEUR-LE-PRINCE, 8

1922

PRÉFACE

———

La présente publication sert de complément et de supplément aux documents diplomatiques publiés dans le Livre Rouge austro-hongrois sur les événements qui ont précédé la guerre de 1914.

Les documents en question sont publiés textuellement d'après leurs originaux.

La première partie (Tome I) contient les pièces diplomatiques du 28 juin au 23 juillet 1914; la suite (Tomes II et III) comprend la série des documents jusqu'au 27 août 1914.

TABLE DES MATIÈRES

1

Lettre autographe de l'Empereur et Roi François-Joseph à l'Empereur Guillaume (*)

J'ai sincèrement regretté que Tu aies été obligé de renoncer à Ton intention de venir à Vienne à la cérémonie funèbre. Je T'aurais volontiers exprimé personnellement mes meilleurs remerciements pour Ta participation à ma vive douleur qui me touche profondément.

Par Tes condoléances chaudes et sympathiques, Tu m'as de nouveau prouvé que j'ai en Toi un ami sincère et digne de confiance et que je puis compter sur Toi à chaque heure d'épreuve sérieuse.

J'aurais beaucoup désiré pouvoir discuter avec Toi la situation générale, mais comme cela n'a pas été possible, je me permets de T'envoyer le mémoire ci-joint préparé par mon Ministre des Affaires Etrangères, qui a été rédigé avant la terrible catastrophe de Sarajevo, et qui maintenant, après ce tragique événement, paraît particulièrement digne d'attirer l'attention (**).

L'attentat dirigé contre mon pauvre neveu est la conséquence directe de l'agitation poursuivie par les panslavistes russes et serbes, dont l'unique but est l'affaiblissement de la Triple-Alliance et la destruction de mon Empire.

D'après toutes les constatations précédentes, il ne s'agit plus à Sarajevo de l'acte sanguinaire d'un indi-

---

(*) Projet de Vienne, 2 juillet 1914, lettre autographe remise à Berlin le 5 juillet 1914 par l'ambassadeur d'Autriche-Hongrie.
(**) Voir l'annexe au n° 1.
L. R. I.

vidu, mais d'un complot bien organisé dont les trames se rattachent à Belgrade, et, s'il est probablement impossible de prouver la complicité du Gouvernement serbe, on ne saurait douter que sa politique tendant à la réunion de tous les Slaves du sud sous le drapeau serbe, favorise les crimes de ce genre et que la continuation de cet état de choses constitue un danger permanent pour ma Maison et pour mes Etats.

Ce danger est encore aggravé par le fait que la Roumanie, en dépit de l'alliance existante avec nous, est entrée en relations amicàles avec la Serbie, et, sur son propre territoire, tolère contre nous une agitation aussi haineuse que celle que se permet la Serbie.

Il m'est pénible de douter de la fidélité et des bonnes intentions d'un ami aussi ancien que Charles de Roumanie, mais il a lui-même déclaré à mon ministre par deux fois dans le cours de ces derniers mois que, vu l'opinion surexcitée et hostile à notre égard de son peuple, il ne serait pas en mesure, dans un cas pressant, de satisfaire à ses obligations d'alliance.

En outre, le Gouvernement roumain encourage ouvertement les efforts de la Kulturliga, favorise un rapprochement avec la Serbie, et poursuit avec l'aide russe la création d'une nouvelle alliance balkanique qui ne peut être dirigée que contre mon Empire.

Déjà, au commencement du règne de Charles, de pareilles velléités politiques, comme celles qui sont propagées par la Kulturliga, ont troublé le bon sens politique des hommes d'Etat roumains, et le danger a surgi de voir le Royaume lancé dans une politique d'aventures. Mais alors, Ton vénéré grand-père, d'une façon énergique et consciente de son but, est intervenu et a tracé à la Roumanie la voie qui lui a assuré une situation privilégiée en Europe, et en a fait l'appui sûr de l'ordre existant.

Maintenant le même danger menace ce Royaume ; je crains que des conseils seuls soient insuffisants, et que la Roumanie ne puisse être maintenue dans la Triple-Alliance que si, d'une part, nous rendons impossible la création d'une ligue balkanique sous le patronage russe, par l'entrée de la Bulgarie dans la Triple-Alliance, et si, d'autre part, nous faisons savoir clairement et nettement à Bucarest que les amis de la Serbie ne peuvent être nos amis, et que la Roumanie ne pourra nous considérer comme des alliés que si elle se détache de la Serbie, et que si elle réprime de toutes ses forces l'agitation dirigée en Roumanie contre l'existence de mon Empire.

Les efforts de mon Gouvernement doivent être dirigés en conséquence en vue de l'isolement et de l'abaissement de la Serbie. La première étape dans cette voie serait de renforcer la situation du Gouvernement bulgare actuel, afin que les Bulgares, dont les intérêts réels coïncident avec les nôtres, soient préservés d'un retour à la russophilie.

Si l'on reconnaît à Bucarest que la Triple-Alliance est décidée à ne pas renoncer à une alliance avec la Bulgarie, mais qu'elle est disposée à inviter la Bulgarie à s'entendre avec la Roumanie, et à garantir son intégrité territoriale, on pourra peut-être la ramener de la direction dangereuse où elle a été poussée par son amitié avec la Serbie et le rapprochement avec la Russie.

Si cela réussissait, on pourrait essayer de réconcilier la Grèce avec la Bulgarie et la Turquie. Il se créerait alors, sous le patronage de la Triple-Alliance une nouvelle alliance balkanique dont le but consisterait à mettre un terme à l'invasion de la marée panslaviste, et à assurer la paix à nos Etats.

Mais cela ne sera possible que si la Serbie qui est

actuellement le pivot de la politique panslaviste, est éliminée comme facteur politique des Balkans.

Toi aussi, après ce dernier terrible événement en Bosnie, Tu auras la conviction qu'on ne saurait songer à aplanir les différends qui nous séparent de la Serbie, et que le maintien par tous les Monarques européens d'une politique de paix sera menacé aussi longtemps que ce foyer d'agitation criminelle de Belgrade restera impuni.

Annexe

Mémoire

Après les grands ébranlements des deux dernières années, la situation dans les Balkans est éclaircie, au point qu'il est actuellement possible de passer en revue les résultats de la crise, et d'établir dans quelle mesure les intérêts de la Triple-Alliance, en particulier ceux des deux Puissances impériales centrales, ont été atteints par les événements, et quelles conséquences en résultent pour la politique européenne et pour la politique balkanique de ces Puissances.

Si l'on compare sans parti pris la situation actuelle avec celle existant avant la grande crise, on doit constater que le résultat d'ensemble, envisagé au point de vue de l'Autriche-Hongrie ainsi qu'à celui de la Triple-Alliance, ne peut aucunement être considéré comme favorable.

Le bilan fait toutefois ressortir quelques éléments à l'actif. On a réussi, comme contre-poids aux progrès de la Serbie, à créer un Etat albanais autonome qui, après un certain nombre d'années, quand son organisation intérieure sera terminée, pourra entrer comme facteur militaire dans les calculs de la Triple-Alliance. Les rapports de la Triple-Alliance avec le Royaume de Grèce fortifié et agrandi ont peu à peu évolué, de sorte que la Grèce, en dépit de son alliance avec la Serbie, ne peut être considérée sans réserve comme un adversaire.

Le point principal est qu'à la suite de l'évolution qui a conduit à la seconde guerre balkanique, la Bulgarie s'est réveillée de l'hypnose russe, et ne peut plus être considérée aujourd'hui comme un tenant de la politique russe. Le Gouvernement bulgare s'efforce, au contraire, d'entrer en relations plus intimes avec la Triple-Alliance.

A ces éléments favorables s'opposent toutefois des facteurs défavorables qui pèsent plus lourdement dans la balance. La Turquie, dont la communauté d'intérêts avec la Triple-Alliance allait d'elle-même, et qui constituait un fort contrepoids contre la Russie et les Etats balkaniques, a été presque entièrement refoulée d'Europe, et a vu gravement compromettre sa situation de grande puissance. La Serbie, dont la politique est, depuis des années, toujours animée de tendances hostiles à l'Autriche-Hongrie, et qui est complètement sous l'influence russe, a atteint un accroissement de territoire et de population qui a de beaucoup dépassé sa propre attente. Le voisinage territorial avec le Monténégro et le renforcement général de l'idée panserbe ont rapproché la possibilité d'un nouvel agrandissement de la Serbie par voie d'union avec le Monténégro. Enfin, dans le cours de la crise, les rapports de la Roumanie avec la Triple-Alliance ont essentiellement changé.

Alors que la crise des Balkans a abouti ainsi à des résultats qui, déjà, ne sont pas favorables à la Triple-Alliance et contiennent le germe d'une évolution ultérieure spécialement défavorable à l'Autriche-Hongrie, nous voyons, d'autre part, que les diplomaties russe et française ont engagé une action unie et conforme à un plan concerté pour exploiter les avantages obtenus, et modifier certains facteurs défavorables à leur point de vue.

Un court aperçu de la situation européenne fait nettement ressortir pourquoi la Triple-Entente — plus exactement la Double-Alliance, car l'Angleterre a, depuis la crise des Balkans, pour des motifs explicables et très caractéristiques, adopté une attitude réservée — n'a pas pu se contenter des modifications intervenues en sa faveur dans les Balkans.

Alors que la politique des deux Puissances impériales, et, jusqu'à un certain point, celle de l'Italie, est conservatrice, et que la Triple-Alliance offre un caractère purement défensif, la politique de la Russie et celle de la France poursuivent certaines tendances dirigées contre le *statu quo*, et l'alliance franco-russe, dans ses tendances parallèles, est, en dernier ressort, de nature offensive. Si la politique de la Triple-Alliance a pu se poursuivre jusqu'à ce jour et préserver la paix européenne de toutes perturbations de la part de la Russie et de la France, ce fait doit être attribué à la supériorité militaire que possédaient incontestablement les armées de la Triple-Alliance et avant tout celles de l'Autriche-Hongrie et de l'Allemagne, sur celles de la Russie et de la France, et, en outre, l'alliance de la Roumanie avec les puissances impériales était, en l'espèce, un facteur hautement appréciable.

La pensée de délivrer les peuples chrétiens balkaniques de la domination turque, pour les utiliser comme une arme contre l'Europe Centrale, est depuis longtemps l'arrière-pensée de politique réaliste de l'intérêt traditionnel de la Russie pour ces peuples. Dans ces derniers temps s'est développée l'idée émise par la Russie et accueillie par la France de réunir les Etats balkaniques dans une alliance balkanique, pour mettre fin de cette manière à la supériorité militaire de la Tri-

ple-Alliance. La première condition préliminaire de la
réalisation de ce plan était que la Turquie fût refoulée
des territoires habités par les nations balkaniques chré-
tiennes, afin d'accroître la force de ces Etats et de les
rendre libres de s'étendre à l'ouest. Cette condition préliminaire a été, dans l'ensemble, réalisée par la dernière guerre. Par contre, après la fin de la crise, une
scission s'est opérée entre les Etats balkaniques en deux
groupes antagonistes d'une force à peu près égale : la
Turquie et la Bulgarie d'un côté, les deux Etats serbes,
la Grèce et la Roumanie, de l'autre.

Mettre fin à cette scission, afin de pouvoir employer
tous les Etats balkaniques, ou, tout au moins, une majorité décisive, à déplacer l'équilibre des forces *européennes*, était la dernière tâche qu'après la fin de la crise se
sont assignée la Russie et la France.

Comme il existe déjà entre la Serbie et la Grèce
une alliance, et que la Roumanie s'est déclarée solidaire
de ces deux Etats, tout au moins en ce qui concernait
les résultats de la paix de Bucarest, il s'agit pour les
Puissances de la Double-Alliance de mettre fin à l'antagonisme profond qui sépare la Bulgarie de la Grèce, et
par-dessus tout de la Serbie dans la question macé-
donienne; ensuite, de trouver une base sur laquelle la
Roumanie serait prête à évoluer complètement dans
le camp de la Double-Alliance, et à prendre part, même
avec la Bulgarie, qu'elle observe avec méfiance, à *une*
combinaison politique; enfin, si possible, de provoquer
une solution pacifique de la question des îles pour
frayer la voie à un rapprochement ou à une alliance de
la Turquie avec les Etats balkaniques.

Aucun doute ne saurait exister sur la base d'après
laquelle, selon les intentions des diplomaties française
et russe, on pourrait concilier ces différends et rivalités,
et créer la nouvelle alliance balkanique. Quel peut être

le but d'une alliance dans la situation actuelle, pour des Etats Balkaniques? Il n'y a plus lieu d'envisager une action commune contre la Turquie. Elle ne peut donc être dirigée que contre l'Autriche-Hongrie, et ne peut être menée à bien que sur la base d'un programme faisant entrevoir à tous les participants des extensions de territoires par un déplacement échelonné de leurs frontières de l'est à l'ouest aux dépens de l'intégrité territoriale de la Monarchie. On ne saurait imaginer une union des Etats balkaniques sur une autre base; mais sur cette base, non seulement elle n'est pas impossible, mais dans la meilleure voie de réalisation.

On ne saurait douter que la Serbie, sous la pression russe, accepterait de payer un prix sérieux en Macédoine pour l'entrée de la Bulgarie dans une alliance dirigée contre la Monarchie et visant à l'acquisition de la Bosnie et des territoires adjacents.

Les difficultés sont plus grandes à Sofia.

La Russie a fait à la Bulgarie, déjà avant la seconde guerre balkanique, des propositions sur la base que nous venons d'indiquer. Elle les a renouvelées après la paix de Bucarest. La Bulgarie, qui, visiblement, répugnait à des ententes avec la Serbie, a toutefois refusé d'entrer dans les plans russes et poursuit depuis une politique qui vise à tout plutôt qu'à une entente amicale avec la Serbie sous l'égide de la Russie. On n'a pas toutefois considéré à Saint-Pétersbourg la partie comme perdue ; à l'intérieur du pays des agents russes travaillent au renversement du régime actuel, et, en même temps, la diplomatie de la Double-Alliance s'efforce activement à provoquer un isolement complet de la Bulgarie et à la rendre par là accessible aux propositions russes.

Comme la Bulgarie, après la conclusion de la paix, a cherché et trouvé un appui auprès de la Turquie, et comme la Porte a montré d'autre part des dispositions favorables à la conclusion d'une alliance avec la Bulgarie et à un rapprochement avec la Triple-Alliance, l'influence franco-russe est depuis quelque temps activement à l'œuvre au Bosphore pour travailler contre cette politique de la Turquie, amener celle-ci à la Double-Alliance, et, de cette façon, déterminer la Bulgarie, soit par un isolement complet, soit par l'action de la Turquie, à une nouvelle orientation. Des nouvelles de Constantinople, qui ont reçu une certaine confirmation par le voyage de Talaat Bey à Livadia, présagent que ces efforts, tout au moins en ce qui concerne la Turquie, ne sont pas restés sans résultat. La Russie a réussi, en signalant de prétendus plans de partage d'autres puissances, troublant le *statu quo* de l'Asie-Mineure, à détourner d'elle la méfiance historique de la Turquie, à exploiter avec l'appui actif de la France les embarras financiers de la Turquie, et à aboutir ainsi à ce qu'au lieu d'une action commune avec la Triple-Alliance, la pensée d'un rapprochement avec l'autre groupe de puissances soit sérieusement envisagée par les hommes d'Etat turcs.

C'est également à l'actif des diplomaties française et russe qu'il y a lieu d'attribuer le voyage de Talaat Bey à Bucarest qui a provoqué une médiation roumaine dans la question des îles, et qui en même temps, en ouvrant la voie à des relations amicales entre Constantinople et Bucarest, devait favoriser l'encerclement de la Bulgarie.

Jusqu'ici, l'action de ces efforts d'encerclement n'a pas encore produit d'effet sur la politique bulgare, peut-être parce qu'on n'avait\encore à Sofia aucune raison de se méfier des intentions de la Turquie. Toutefois, l'attente de la Russie est complètement justifiée. En effet un isolement complet dans les Balkans comme en

Europe obligerait finalement la Bulgarie à renoncer à sa politique antérieure et à accepter les conditions que lui imposerait la Russie pour la reprendre sous sa protection et lui donner son appui.

La Macédoine joue un rôle prépondérant dans la politique intérieure et extérieure de la Bulgarie. Si les gouvernants de ce pays étaient persuadés que l'arrangement amical proposé par la Russie et l'alliance avec la Serbie étaient l'*unique* moyen de sauver quelques parties de la Macédoine pour la Bulgarie, aucun gouvernement bulgare, en dépit des déceptions éprouvées, n'oserait repousser cette combinaison. Seule, une action qui fortifierait l'épine dorsale de la Bulgarie contre les menaces et les séductions russes, et préserverait le pays de l'isolement, pourrait empêcher que la Bulgarie n'entrât finalement dans le plan d'alliance balkanique.

En ce qui concerne la Roumanie, l'action franco-russe s'y était déjà exercée pendant la crise des Balkans avec une grande intensité. Par d'étonnants détours, et en attisant adroitement l'idée de la Grande Roumanie, qui couvait toujours sous la surface, elle a poussé l'opinion publique à des dispositions hostiles à la Monarchie, et déterminé la politique étrangère de la Roumanie à une coopération militaire avec la Serbie qui ne pouvait une coopération militaire avec la Serbie qui ne pouvait l'Autriche-Hongrie.

Cette action n'est pas du tout interrompue; elle a été continuée avec énergie et avec des moyens puissants et démonstratifs, comme la visite du Tsar à la Cour de Roumanie.

Parallèlement s'accomplissait une évolution toujours plus profonde dans l'opinion publique roumaine, et on ne peut pas douter aujourd'hui que de nombreux milieux de l'armée, des intellectuels et du peuple ne soient gagnés à une nouvelle orientation de la Roumanie, à une politique d'alliance avec la Russie qui se proposerait pour but la délivrance des frères opprimés de l'autre côté des Carpathes. Il est clair que le terrain pour l'entrée de la Roumanie dans la future alliance balkanique a été préparé de la façon la plus efficace.

Jusqu'ici la Roumanie officielle a résisté à l'influence de ces courants populaires et aux suggestions franco-russes, si bien que l'on ne peut encore parler d'un passage *ouvert* dans le camp de la Double-Alliance et d'une politique déclarée contre l'Autriche-Hongrie. Mais il est indéniable qu'une évolution importante a surgi dans la politique étrangère de la Roumanie qui — en faisant abstraction de toute perspective d'un développement ultérieur dans la même direction — réagit déjà d'une façon sensible sur la situation politique et militaire de l'Autriche-Hongrie, et même de toute la Triple-Alliance.

Alors qu'auparavant, en dépit du caractère secret de l'alliance, il n'y avait aucune raison positive de douter de l'accomplissement par la Roumanie des obligations résultant pour elle de l'accord avec les puissances de la Triple-Alliance, des autorités importantes ont, dans ces derniers temps, plusieurs fois, fait des déclarations publiques — contre lesquelles les Puissances de la Triple-Alliance, vu le caractère secret de la clause du traité d'alliance, ne pouvaient élever de protestations — portant que la pensée dominante de la politique roumaine était le principe de la liberté d'action. De même, le Roi Carol, avec la franchise qui répond à ses sentiments élevés, a déclaré au ministre impérial et royal que, tant qu'il vivrait, il ferait tous ses efforts pour empêcher l'armée roumaine d'entrer en campagne contre l'Autriche-Hongrie, mais qu'il ne pouvait suivre une politique contraire à l'opinion publique de la Roumanie actuelle, et que, par conséquent, au cas d'une attaque russe contre la Monarchie, on ne saurait songer à une action de la Roumanie aux côtés de l'Autriche-Hongrie en dépit de l'alliance existante.Le Ministre roumain des Affaires Etrangères a fait un pas de plus — immédiatement après la visite du Tzar à Constantza — en déclarant sans ambages dans une interview qu'un rapprochement de la Roumanie avec la Russie était intervenu, et qu'il existait une communauté d'intérêts entre les deux Etats.

Les rapports de l'Autriche-Hongrie avec la Roumanie peuvent se caractériser actuellement par le fait que la Monarchie se place entièrement sur le terrain de l'alliance, et, avant comme après, est prête à soutenir de toutes ses forces la Roumanie, si le *casus fœderis* se réalisait, mais que la Roumanie se détache unilatéralement de ses obligations d'alliance, et ne fait entrevoir à la Monarchie que la perspective de la neutralité. Même la neutralité de la Roumanie n'est garantie à la Monarchie que par une affirmation personnelle du Roi Carol, qui, naturellement, n'offre de valeur que pour la durée de son règne, et dont l'observation dépend du fait que le Roi conserve toujours la haute main sur la direction de la politique étrangère. Or, en temps de surexcitation nationale du pays, cela pourrait dépasser les forces du Monarque. On peut d'autant moins en douter que le Roi Carol invoque aujourd'hui l'opinion publique pour motiver l'impossibilité de l'entier accomplissement par la Roumanie de ses obligations d'alliance. On ne saurait enfin perdre de vue que la Roumanie s'est liée par des liens d'amitié et par une communauté d'intérêts avec la Serbie, l'adversaire le plus acharné de la Monarchie dans les Balkans.

La Monarchie s'est bornée jusqu'ici à discuter de la façon la plus amicale l'évolution de la politique roumaine à Bucarest, mais ne s'est pas sentie disposée à

tirer des conséquences sérieuses de cette évolution toujours plus nette de la Roumanie. Le cabinet de Vienne
s'est laissé déterminer dans ce sens en premier lieu
parce que le Gouvernement allemand était d'avis qu'il
s'agissait d'évolutions passagères, de la conséquence de
certains malentendus du temps de la crise, qui disparaî-
traient peu à peu si l'on faisait preuve de calme et de
patience. Mais il a été établi que cette tactique d'attente
tranquille et de représentations amicales n'avait pas
les effets désirés, que le refroidissement entre l'Autriche-Hongrie et la Roumanie ne tendait pas à disparaître, mais au contraire s'accentuait. On ne saurait
attendre pour l'avenir de cette tactique une modification
dans un sens favorable. En effet, en l'état actuel des
choses, la liberté d'action est tout à fait avantageuse
pour la Roumanie et n'offre d'inconvénients que pour
la Monarchie.

La solution de la question suivante s'impose : l'Autriche-Hongrie veut-elle améliorer ses relations avec la
Roumanie par des explications franches, en imposant
au Royaume l'alternative, soit de rompre tous les ponts
avec la Triple-Alliance, soit, en faisant connaître son
adhésion à la Triple-Alliance, de donner des gages suffisants pour garantir l'accomplissement entier de sa
part des obligations qui découlent pour elle de l'alliance? Une pareille solution de la question qui ferait
revivre une tradition de trente ans, est certainement
celle qui répondrait le mieux aux désirs de l'Autriche-
Hongrie, mais dans les circonstances actuelles, il est
malheureusement peu vraisemblable que le Roi Carol
ou un Gouvernement roumain quelconque, même en
présence d'une extension éventuelle du traité d'alliance
actuel, soit prêt, en bravant l'opinion publique régnante,
à déclarer officiellement la Roumanie alliée de la Triple-Alliance. Une mise en demeure catégorique de la

Monarchie pourrait donc conduire à une rupture ouverte. Le Cabinet allemand, par de sérieuses et énergiques représentations, éventuellement liées à une invitation de ce genre, réussirait-il à déterminer la Roumanie à prendre une attitude que l'on pourrait considérer comme une garantie sérieuse de son entière fidélité à l'alliance? C'est une question qu'on ne peut pas juger facilement de Vienne, mais qui paraît également douteuse.

Dans ces conditions, on doit considérer comme impossible de donner à l'alliance avec la Roumanie une sûreté et une portée suffisantes pour servir à l'Autriche-Hongrie de pivot de sa politique dans les Balkans.

Non seulement il serait inutile, mais ce serait une incurie qui, vu l'importance politique et militaire de la Roumanie, compromettrait les intérêts importants de la défense de l'Empire, de continuer en présence des dispositions manifestées actuellement par la Roumanie, à observer une attitude passive, et de ne pas prendre sans retard les mesures militaires et entreprendre les actions politiques nécessaires pour parer aux effets de la neutralité et de l'hostilité éventuelle de la Roumanie.

La valeur militaire de l'alliance avec la Roumanie pour la Monarchie consistait dans le fait qu'en cas de conflit avec la Russie, elle aurait conservé du côté de la Roumanie sa complète liberté d'action, alors qu'une partie notable des forces russes aurait été immobilisée par l'attaque de flanc de l'armée roumaine. Vu les rapports actuels de la Roumanie avec la Monarchie, si un conflit armé éclatait entre elle et la Russie, il aboutirait au résultat contraire : la Russie n'aurait en aucun cas à craindre une attaque de la Roumanie, elle n'aurait pas besoin d'opposer un seul homme à la Roumanie, alors que l'Autriche-Hongrie, n'étant pas entièrement sûre de la neutralité roumaine, serait forcée de détacher un contingent de troupes pour observer la Roumanie qui se trouve maintenant sur *son* flanc.

Les préparatifs militaires de l'Autriche-Hongrie, en cas d'un conflit avec la Russie, étaient jusqu'à ce jour basés sur l'hypothèse d'une coopération de la Roumanie. Si cette hypothèse disparaît, si l'on n'a même pas une sécurité absolue contre une agression roumaine, la Monarchie doit, pour le cas de guerre, arrêter d'autres mesures, et envisager l'érection de fortifications contre la Roumanie.

Il s'agit maintenant de prouver à la Roumanie par des actes, que nous sommes à même de trouver un autre point d'appui pour la politique de l'Autriche-Hongrie dans les Balkans. En fait, l'action qu'il s'agit d'engager à cet effet, se lie à la nécessité de prendre des mesures efficaces contre la constitution d'une nouvelle ligue balkanique que poursuivent les Puissances de la Double-Alliance. L'un comme l'autre but, vu la situation actuelle dans les Balkans, ne peut être atteint que si la Monarchie accueille les offres que lui a faites, il y a près d'un an la Bulgarie, et qu'elle lui a renouvelées plusieurs fois depuis, et entre avec elle dans des rapports d'alliance. En même temps la politique de la Monarchie devrait chercher à provoquer une alliance entre la Bulgarie et la Turquie, alliance pour laquelle dans les deux Etats se manifestent des dispositions tellement favorables qu'on avait déjà préparé un traité qui, toutefois, n'a pas été signé. Sous ce rapport la continuation de l'attitude expectante, à laquelle la Monarchie s'est laissée déterminer par des égards beaucoup plus grands pour l'alliance que ceux qu'on a témoignés à Bucarest, offrirait des inconvénients graves. Une plus longue attente et l'omission d'une contre-action à Sofia laisseraient le champ entièrement libre aux efforts intensifs et concertés de la Russie et de la France. L'attitude de la Rou-

manie oblige nécessairement la Monarchie à accorder
à la Bulgarie l'appui qu'elle cherche depuis longtemps,
et à paralyser le résultat de la politique d'encerclement
russe. Mais cela doit se faire pendant que le chemin de
Sofia et celui de Constantinople restent encore ouverts.

Le traité avec la Bulgarie, dont les stipulations au-
ront à être examinées avec soin, devra être naturellement rédigé de façon à ne pas mettre la Monarchie en
conflit avec ses obligations conventionnelles envers la
Roumanie. On ne devrait pas cacher à cette dernière
cette démarche de la Monarchie, vu qu'elle n'offre aucun
caractère d'hostilité contre la Roumanie, mais constitue
un avertissement sérieux qui ferait comprendre aux facteurs dirigeants de Bucarest toute la portée d'une dépendance politique unilatérale et durable envers la Russie.

Avant que l'Autriche-Hongrie n'entame l'action en
question, elle attache le plus grand prix à établir une
entente complète avec l'Empire allemand, non seulement pour des considérations découlant de la tradition
et de l'alliance étroite qui les unit, mais, avant tout,
parce que des intérêts importants de l'Allemagne et de
la Triple-Alliance sont en jeu, et parce que l'on ne peut
attendre le maintien de ces intérêts *communs* que si l'on
oppose à l'action concertée de la Russie et de la France
une coopération également concertée de la Triple-Alliance, et en particulier de l'Autriche-Hongrie et de
l'Empire allemand.

Car si la Russie, appuyée par la France, cherche à
unir les Etats balkaniques contre l'Autriche, si elle s'efforce de troubler encore davantage nos relations avec la
Roumanie, cette hostilité n'est pas dirigée seulement
contre la Monarchie comme telle, mais contre l'alliée de
l'Empire allemand, contre la partie, la plus exposée aux
attaques par sa situation géographique et par sa struc-

ture intérieure, de ce bloc central européen qui barre à la Russie la route de la réalisation de ses plans de politique mondiale.

Briser la supériorité militaire des deux puissances impériales par le secours des troupes des Balkans est le but de la Russie.

Alors que la France recherche l'affaiblissement de la Monarchie, parce qu'il favorise ses idées de revanche, les desseins de l'Empire des Tsars ont une portée plus considérable encore.

Si l'on contemple le développement de la Russie dans les deux derniers siècles, l'accroissement de son territoire, l'énorme augmentation de sa population dépassant celle de toutes les autres puissances européennes, les progrès considérables de ses ressources économiques et de sa puissance militaire, si l'on songe que ce grand Empire, par sa situation et par des traités, est toujours coupé de la mer libre, on comprend la nécessité de la politique russe qui a toujours présenté un caractère agressif.

On ne peut pas raisonnablement prêter à la Russie des projets de conquêtes territoriales sur l'Empire allemand; toutefois ses armements et ses préparatifs extraordinaires, la construction de voies stratégiques à l'ouest sont sûrement plus dirigés contre l'Allemagne que contre l'Autriche-Hongrie.

Car la Russie a reconnu que la réalisation de ses plans en Europe et en Asie, qui répondent aux nécessités intérieures, atteindrait en première ligne des intérêts importants de l'Allemagne, et doivent inévitablement se heurter à sa résistance.

La politique de la Russie est déterminée par une situation invariable, et par conséquent est constante et voit très loin.

Les tendances manifestes d'encerclement de la Russie contre la Monarchie qui ne poursuit pas une politique mondiale, ont pour but final de rendre impossible à l'Empire allemand la résistance contre ces buts de la Russie et contre sa suprématie politique et économique.

Pour ces motifs la direction de la politique étrangère de l'Autriche-Hongrie est convaincue qu'il est de l'intérêt commun de la Monarchie, comme de l'Allemagne, de s'opposer à temps et énergiquement dans cette phase de la crise des Balkans à l'évolution visée et encouragée par la Russie selon un plan concerté.

*
* *

Le mémoire ci-dessus venait d'être terminé lorsque sont survenus les terribles événements de Sarajevo.

On peut à peine se rendre compte de toute la portée de cet abominable assassinat; toutefois, s'il en était encore besoin, il a apporté la preuve indéniable de l'impossibilité de faire disparaître l'antagonisme entre la Monarchie et la Serbie, ainsi que le danger et l'intensité des efforts de la propagande panserbe qui ne recule devant rien.

L'Autriche-Hongrie n'a pas manqué de bonne volonté et d'esprit de conciliation pour provoquer des rapports tolérables avec la Serbie; mais il vient d'être démontré que ces efforts ont été tout à fait impuissants, et que la Monarchie aura à compter à l'avenir avec l'hostilité acharnée, irréconciliable et agressive de la Serbie.

Dans ces conditions la nécessité s'impose pour la Monarchie de déchirer d'une main énergique le réseau que son adversaire voulait lancer comme un filet sur sa tête.

2

Rapport du Comte Tisza,
Président du Conseil des Ministres hongrois.
1ᵉʳ juillet 1914.

Sire,

Bien que j'eusse désiré éviter d'importuner Votre Majesté ces jours-ci, je considère toutefois comme un devoir de Lui soumettre respectueusement et le plus brièvement possible ce qui suit :

Ce n'est qu'après mon audience que j'ai eu l'occasion de causer avec le comte Berchtold et d'être informé de son intention de faire de l'attentat de Sarajevo le prétexte d'un règlement de comptes avec la Serbie.

Je n'ai pas dissimulé au comte Berchtold que je considérais cela comme une faute grave, et que je n'en partagerais aucunement la responsabilité. Tout d'abord, nous n'avons pas eu jusqu'ici de preuves suffisantes pour pouvoir rendre la Serbie responsable, et, en dépit des déclarations conciliantes du Gouvernement serbe, provoquer la guerre avec cet Etat. Nous serions placés sur le plus mauvais terrain qu'on puisse concevoir, nous apparaîtrions devant le monde entier comme les perturbateurs de la paix, et nous fomenterions une grande guerre dans les circonstances les plus défavorables.

En outre, je tiens ce moment, où nous avons pour ainsi dire perdu l'appui de la Roumanie sans obtenir une compensation en échange, et où le seul Etat sur lequel nous puissions compter, la Bulgarie, gît épuisé, comme d'ailleurs très défavorable.

Dans la situation actuelle des Balkans, ce serait le moindre de mes soucis que celui de trouver un *casus belli* acceptable. Si le moment d'en découdre est arrivé, on peut toujours de diverses questions faire surgir un prétexte de guerre. Mais il faut tout d'abord créer une situation diplomatique rendant la proportion des forces moins défavorable pour nous.

L'accession définitive de la Bulgarie, d'une manière n'offrant point de pointe contre la Roumanie et ouvrant la porte à une entente tant avec cet Etat qu'avec la Grèce, devient de jour en jour plus urgente ; il faudrait en conséquence faire une dernière tentative auprès de l'Allemagne pour amener l'accession ouverte de la Roumanie à la Triple-Alliance. Si l'Allemagne ne veut ou ne peut remplir cette mission, elle doit admettre que tout au moins nous assurions le concours de la Bulgarie à la Triple-Alliance.

Si nous tardons davantage par égard pour la Roumanie, ce sera notre faute si, un beau jour, la Bulgarie, abandonnée par nous, s'associe à l'alliance formée contre nous, et aide à nous dépouiller pour obtenir en échange une portion du territoire de la Macédoine. Finalement, en ce qui concerne la Roumanie, je crois que notre alliance avec la Bulgarie offre la seule possibilité de regagner la Roumanie. En dépit de la mégalomanie des Roumains, la crainte de la Bulgarie est le facteur décisif dans la psychologie de ce peuple. S'ils voient qu'ils ne peuvent pas nous détourner d'une alliance avec la Bulgarie, ils chercheront peut-être à être admis dans l'alliance, pour être garantis de cette manière contre une agression bulgare.

Ce sont là les points de vue essentiels qui font à mon avis d'une action énergique une nécessité urgente, et comme la visite imminente de l'Empereur Guillaume offrira peut-être une occasion à cet effet, j'ai considéré comme mon devoir de m'adresser à Votre Majesté pour La prier respectueusement de vouloir bien profiter de la présence de l'Empereur Guillaume à Vienne pour combattre la prévention de ce Souverain en faveur de la Serbie, vu les derniers événements révoltants, et de le déterminer à soutenir énergiquement notre politique balkanique.

Budapest, 1ᵉʳ juillet 1914.

Signé : Stefan comte Tisza.

3

Entretien du comte Berchtold
avec l'Ambassadeur d'Allemagne

Rapport journalier n° 3095 Vienne, le 3 juillet 1914.

Le 2 juillet de l'année courante, au cours d'une conversation avec l'ambassadeur d'Allemagne, j'ai signalé les conséquences inquiétantes du travail souterrain systématique panserbe qui se sont récemment révélées par le drame de Sarajevo, et j'ai fait observer à cette occasion qu'on ne pourrait mettre un terme à ces agissements dangereux que par une action sans ménagements contre la Serbie. Cela s'imposait aussi bien dans notre intérêt que dans celui de l'Allemagne. L'information reçue aujourd'hui de Semlin d'après laquelle 12 assassins seraient en route avec l'intention de commettre un attentat sur la personne de l'Empereur Guillaume ouvrirait peut-être les yeux à Berlin sur le danger qui menace de Belgrade.

M. de Tschirschky ne l'a pas contesté, et a assuré qu'à son avis, seule une action énergique contre la Serbie permettrait d'atteindre le but. Ainsi que je le savais, l'Allemagne avait déclaré maintes fois pendant la crise qu'en ce qui concernait la politique balkanique, elle se tiendrait toujours derrière nous, si cela devenait nécessaire.

A mon observation qu'on me l'avait assuré à diverses reprises, mais que dans la pratique je n'avais pas toujours trouvé l'appui du Cabinet de Berlin, et que je ne savais pas jusqu'à quel point je pouvais y compter, l'ambassadeur répondit que — *parlant à titre absolument privé* — il s'expliquait l'attitude de son Gouverment par le fait que de notre part on émettait beaucoup d'idées, mais qu'on n'avait jamais formulé un plan d'action nettement circonscrit, et que ce n'était que dans le cas où un pareil plan serait établi que Berlin pourrait intervenir pleinement et entièrement en notre faveur.

Récemment le prince Hohenlohe lui avait parlé de la nécessité d'un règlement de comptes avec la Serbie. Il avait répondu au prince que c'était « très bien », mais qu'il fallait savoir et déterminer jusqu'où l'on voulait aller, ce qu'on songeait à faire le cas échéant de la Serbie, et en outre qu'on devait se préoccuper de créer une situation diplomatique aussi favorable que possible, qu'en particulier il fallait s'assurer de l'attitude de l'Italie et de la Roumanie. Commencer une guerre avec la Serbie, sans avoir la certitude de ne pas être attaqué par l'Italie et la Roumanie, lui paraissait une aventure très risquée.

Je répondis à l'ambassadeur que la question de savoir jusqu'où l'on voulait aller et ce qu'il adviendrait éventuellement de la Serbie serait résolue *par nous* au moment voulu d'après les circonstances. Ce point — ce qu'il adviendrait en cas de victoire sur la Serbie — était du reste, une *cura posterior*. En ce qui concernait la Roumanie, nous ne pouvions nous prêter à une interrogation qui nous exposerait à des réclamations de compensations impossibles à satisfaire.

Lorsque la Roumanie, sans nous consulter, et contrairement à nos intérêts bien connus, était tombée de concert avec la Serbie sur la Bulgarie sans défense, l'Allemagne avait couvert la Roumanie, et nous avait donné à entendre que nous devions nous tenir tranquilles. Nous ne demandons pas autre chose à l'Allemagne que d'agir dans le même sens sur la Roumanie, si, pour protéger l'intégrité de la Monarchie, nous devions opérer contre la Serbie.

M. de Tschirschky répondit qu'il trouvait cela parfaitement justifié et qu'il avait songé surtout à l'Italie qui, vu les relations d'alliance, devait être consultée avant d'entreprendre une action guerrière.

Je répliquai que l'Italie, si *nous* posions cette question au Cabinet de Rome, réclamerait probablement comme compensation Valona, ce que nous ne pouvions pas accorder. Ce serait également l'affaire du Cabinet de Berlin de faire comprendre à Rome que nous avions à soutenir une lutte pour notre existence, et que, vu qu'aucun territoire turc n'était en question, l'Italie n'était pas fondée à réclamer des compensations en vertu du traité de la Triple-Alliance.

4

Le comte Berchtold au comte Szogyény, à Berlin

Télégramme n° 212   Vienne, le 4 juillet 1914.
Télégramme en chiffre. — Service de nuit. —
Strictement secret.

Le comte Hoyos part ce soir pour Berlin porteur d'une lettre autographe de Sa Majesté I. et R. Apostolique pour l'Empereur Guillaume. Il apportera à Votre Excellence des copies de cette lettre autographe et d'un Mémoire annexe à communiquer au Chancelier de l'Empire.

Au cas où il serait impossible à Votre Excellence

d'être reçue en personne par l'Empereur, je la prie de vouloir bien faire immédiatement le nécessaire pour que la lettre autographe soit remise demain à l'Empereur Guillaume, qui d'après les informations des journaux, doit partir dès lundi en voyage dans les pays du Nord.

J'attache aussi le plus grand prix à ce que Votre Excellence soit reçue demain par le Chancelier de l'Empire, et je prie Votre Excellence de vouloir bien rendre visite éventuellement à la campagne à M. de Bethmann-Hollweg, s'il ne se trouve pas à Berlin, car je considère comme extrêmement important que le Chancelier de l'Empire puisse, avant le départ de l'Empereur Guillaume, discuter le contenu de ces pièces avec Votre Excellence et ensuite avec l'Empereur.

5

Le comte Szogyény au comte Berchtold

Télégramme n° 236   Berlin, le 4 juillet 1914.
Chiffré. — Strictement confidentiel

Le Sous-Secrétaire d'Etat m'a demandé aujourd'hui au cours d'une conversation si j'étais informé d'une démarche qui d'après les journaux aurait été effectuée par le Gouvernement I. et R. à Belgrade. J'ai répondu négativement.

M. Zimmermann m'a assuré qu'il considérait comme très compréhensible une action énergique et décidée de la Monarchie, en faveur de laquelle se prononçaient aujourd'hui les sympathies générales de tout le monde civilisé, contre la Serbie, mais qu'il recommandait à ce sujet une grande prudence, et qu'il conseillait de ne pas poser à la Serbie des conditions humiliantes.

6

Le comte Szogyény au comte Berchtold

Télégramme n° 237.   Berlin, le 5 juillet 1914.
Chiffré. — Strictement secret.

Après que j'eus porté à la connaissance de l'Empereur Guillaume que j'avais à lui remettre une lettre autographe de Sa Majesté I. et R. Apostolique que m'avait apportée aujourd'hui le comte Hoyos, j'ai reçu de Leurs Majestés allemandes une invitation à déjeûner au Nouveau Palais pour aujourd'hui midi.

J'ai remis à Sa Majesté la lettre autographe et le Memorandum annexé. En ma présence, l'Empereur a lu avec la plus grande attention les deux pièces (*).

Tout d'abord l'Empereur m'assura qu'Il s'attendait à une action sérieuse de notre part à l'égard de la Serbie, mais qu'il devait avouer qu'à la suite de l'exposé de notre Auguste Souverain, il devait envisager la possibilité de sérieuses complications *européennes,* et qu'en conséquence, avant d'en avoir délibéré avec le Chancelier de l'Empire, il ne voulait me donner aucune réponse définitive.

Après le déjeuner, comme j'insistais encore énergiquement sur la gravité de la situation, Sa Majesté m'autorisa à mander à notre Auguste Maître que dans ce cas nous pourrions aussi compter sur l'entier appui de l'Allemagne. Comme il me l'avait dit, l'Empereur devait au préalable prendre l'avis du Chancelier de l'Empire, mais il ne doutait aucunement que M. de Bethmann-Hollweg ne donnât son entier assentiment à son opinion. En particulier, il en serait ainsi en ce qui concernait notre action contre la Serbie. A son avis (ce-

______

(*) Voir n° 1.

lui de l'Empereur Guillaume), il ne fallait pas différer cette action. L'attitude de la Russie serait en tous cas hostile, mais il y était préparé depuis des années, et même si l'on devait en venir à une guerre entre l'Autriche-Hongrie et la Russie, nous pouvions être convaincus que l'Allemagne, avec sa fidélité habituelle à l'alliance, se tiendrait à nos côtés. La Russie d'ailleurs, en l'état de choses actuel, n'était pas prête à la guerre, et hésiterait certainement beaucoup à recourir aux armes. Mais elle exciterait les autres Puissances de la Triple-Entente contre nous, et attiserait le feu dans les Balkans.

Il comprenait très bien qu'il serait pénible à Sa Majesté I. et R. Apostolique, vu son amour bien connu de la paix, d'envahir la Serbie, mais si nous avions véritablement reconnu la nécessité d'une action guerrière contre la Serbie, lui (l'Empereur Guillaume) regretterait que nous laissions passer sans l'utiliser le moment actuel si favorable pour nous.

En ce qui concernait la Roumanie, il veillerait à ce que le Roi Carol et ses conseillers observassent une attitude correcte.

L'entrée en relations d'alliance avec la Bulgarie n'avait aucunement ses sympathies; avant comme après, il n'avait pas la moindre confiance dans le Roi Ferdinand, ni dans ses conseillers anciens et actuels. Toutefois il ne voulait pas faire la moindre objection à la conclusion d'un traité d'alliance entre la Monarchie et la Bulgarie, mais il fallait veiller à ce que le traité ne contînt point de pointe contre la Roumanie et à ce que — ainsi qu'on le faisait d'ailleurs ressortir dans le Memorandum — il fût porté à la connaissance de la Roumanie.

L'Empereur Guillaume se propose de se rendre demain matin à Kiel, et de partir de là pour son voyage dans les pays du Nord; mais auparavant Sa Majesté conférera avec le Chancelier de l'Empire sur l'affaire en question, et il l'a convoqué à cet effet de Hohenfinow pour ce soir au Nouveau Palais.

En tout cas je trouverai l'occasion au cours de la journée de demain de m'entretenir avec le Chancelier de l'Empire.

7

Le comte Szögyény au comte Berchtold

Télégramme n° 239.   Berlin, le 6 juillet 1914.
Chiffré. — Strictement secret.

Suite à mon télégramme d'hier, n° 237 (*).

Je viens d'avoir, accompagné par le comte Hoyos, un long entretien avec le Chancelier de l'Empire et le Sous-Secrétaire d'Etat. M. de Bethmann-Hollweg l'a ouvert en disant que l'Empereur Guillaume l'avait chargé d'exprimer tout d'abord oralement ses vifs remerciements pour la lettre autographe de notre Auguste Souverain et qu'il y répondrait personnellement dans quelques jours.

Il (le Chancelier de l'Empire) avait été aussi autorisé par son Auguste Maître à me préciser ainsi qu'il suit l'attitude du Gouvernement allemand à l'égard de la lettre autographe et du Mémoire.

Le Gouvernement allemand reconnaissait les dangers résultant pour l'Autriche-Hongrie, et par suite pour la Triple-Alliance des plans d'alliance balkanique de la Russie; il comprenait aussi, vu cette situation, notre désir de provoquer l'accession formelle de la Bulgarie à la Triple-Alliance, mais il attachait du prix à ce que

____

(*) Voir n° 6.

cela — conformément à nos intentions — eût lieu sous une forme qui ne portât pas atteinte à nos obligations envers la Roumanie. Le ministre d'Allemagne à Sofia, avait en conséquence été immédiatement autorisé à négocier dans ce sens avec le Gouvernement bulgare, au cas où il y serait invité par son collègue austro-hongrois. En même temps il (le Chancelier de l'Empire) se propose de charger le ministre à Bucarest de parler très franchement au Roi de Roumanie, de porter les négociations à Sofia à sa connaissance, et d'attirer en même temps son attention sur la nécessité de réprimer l'agitation fomentée contre nous en Roumanie. M. de Bethmann-Hollweg ferait dire également au Roi que jusqu'ici il (le Chancelier) nous avait toujours donné le conseil de nous entendre avec la Serbie, mais qu'après les derniers événements il voyait que c'était pour ainsi dire impossible ; la Roumanie devrait aussi tenir compte de ce fait.

En ce qui concernait nos rapports avec la Serbie, le Gouvernement allemand s'en tenait au point de vue que c'était à *nous* à juger de ce qu'il fallait faire pour régler ces rapports; nous pouvions à cet effet — quelle que pût être notre décision — compter avec certitude que l'Allemagne comme alliée et amie de la Monarchie, se tiendrait derrière elle.

Au cours ultérieur de la conversation, j'ai compris que le Chancelier de l'Empire, tout comme son Auguste Maître, envisage *une action immédiate de notre part* contre la Serbie comme la solution la plus radicale et la meilleure de nos difficultés dans les Balkans. Au point de vue international, il considère l'instant actuel comme plus favorable qu'un instant plus reculé; il approuve entièrement que nous n'informions au préalable ni l'Italie ni la Roumanie d'une action éventuelle contre la Serbie. Par contre, l'Italie doit dès maintenant recevoir connaissance par le Gouvernement allemand et par notre Gouvernement de l'intention de provoquer l'accession de la Bulgarie à la Triple-Alliance.

Au sujet de ces négociations, le Chancelier de l'Empire ainsi que le Sous-Secrétaire d'Etat estiment qu'il serait plus avantageux de ne négocier et de ne conclure tout d'abord qu'avec la Bulgarie, et de remettre à l'avenir la question d'une alliance de la Turquie et éventuellement de la Grèce avec la Bulgarie. Le Chancelier de l'Empire a fait observer à cette occasion que, vu les grands intérêts de l'Allemagne en Turquie, l'accession de ce pays serait particulièrement désirable.

En ce qui concerne la démarche précitée du représentant allemand auprès du Roi Carol, M. de Bethmann-Hollweg jugerait utile que le comte Czernin, quelques jours avant ladite démarche et après réception de la réponse du Roi à ce sujet à Berlin, parlât à Sa Majesté dans le même sens.

A la fin de l'entretien le Chancelier s'informa de l'état actuel des choses en Albanie, et nous mit en garde avec insistance contre les plans quelconques qui pourraient compromettre nos relations avec l'Italie et le maintien de la Triple-Alliance.

M. de Tschirschky recevra connaissance de notre entretien à titre strictement confidentiel.

8

Conseil des Ministres pour les Affaires Communes

7 juillet 1914.

K. Z. 58.   G. M. K. P. Z. 512.

Procès-verbal

de la séance du Conseil des Ministres pour les Affaires Communes, tenue à Vienne le 7 juillet 1914, sous la présidence du comte Berchtold, Ministre de la Maison I. et R. et des Affaires Etrangères.

Etaient présents :

Le comte Stürgkh, Président du Conseil des Ministres d'Autriche.

Le comte Tisza, Président du Conseil des Ministres de Hongrie.

Le D^r chevalier de Bilinski, Ministre des Finances Communes I. et R.

Le chevalier de Krobatin F. Z. M. (*), Ministre de la Guerre, I. et R.

Le baron de Conrad, général d'infanterie, chef de l'Etat-major général I. et R.

Le contre-amiral de Kailer, représentant du commandant de la Marine I. et R.

Le comte Hoyos, conseiller de légation, secrétaire.

Objet : Affaires bosniaques. L'action diplomatique contre la Serbie.

Le *Président* ouvre la séance en faisant observer que le Conseil des Ministres a été convoqué pour délibérer sur les mesures auxquelles on doit recourir pour remédier aux maux de politique interne en Bosnie et en Herzégovine révélés à l'occasion de la catastrophe de Sarajevo. Il y aurait à son avis à prendre, en Bosnie, diverses mesures d'ordre interne dont l'application lui paraît s'imposer vu l'état de crise; mais tout d'abord on devait s'assurer si le moment n'était pas venu de mettre pour toujours la Serbie hors d'état de nuire par une manifestation de force. Un pareil coup décisif ne pouvait pas être exécuté sans préparation diplomatique; c'est pourquoi il avait pressenti le Gouvernement allemand. Les conversations à Berlin avaient abouti à un

---

(*) Feldzeugmeister.

résultat très satisfaisant, vu que l'Empereur Guillaume et aussi M. de Bethmann-Hollweg nous avaient assurés énergiquement de leur appui sans réserves au cas de complications armées avec la Serbie. Il nous fallait encore compter avec l'Italie et la Roumanie, et d'accord avec le Cabinet de Berlin, il était d'avis qu'il était préférable d'agir et d'attendre des demandes de compensations éventuelles.

Il s'était convaincu qu'une passe d'armes avec la Serbie pourrait avoir pour conséquence la guerre avec la Russie. La Russie menait actuellement une politique qui, calculant à longue échéance, avait pour but l'alliance des Etats Balkaniques y compris la Roumanie, pour l'exploiter au moment paraissant opportun contre la Monarchie. Il était d'avis que nous devions nous rendre compte que notre situation vis-à-vis d'une telle politique devait toujours s'empirer, d'autant plus, qu'une attitude inactive serait interprétée par nos Slaves du Sud et nos Roumains comme un symptôme de faiblesse, et encouragerait la force de recrutement des deux Etats limitrophes.

La conséquence logique qui résulte de ce qui précède est qu'il convient de devancer nos adversaires, et d'arrêter par un règlement de comptes opportun avec la Serbie, l'évolution déjà en cours, ce qu'il ne nous serait pas possible de faire plus tard.

Le *Président du Conseil des Ministres royal hongrois* convient que la situation s'est modifiée dans ces derniers jours par les faits établis au cours de l'enquête et par l'attitude de la presse serbe, et affirme que, lui aussi, considère la possibilité d'une action guerrière contre la Serbie comme une éventualité plus rapprochée qu'il ne l'aurait cru immédiatement après l'attentat de Sarajevo. Mais il ne donnerait jamais son assentiment à une attaque brusquée contre la Serbie sans action diplomatique préalable, comme on semblait en avoir eu l'intention, et qu'ainsi qu'il était à regretter, le comte Hoyos l'aurait dit à Berlin, parce que dans ce cas, à son avis, nous serions aux yeux de l'Europe sur un très mauvais terrain et que, selon toute vraisemblance, nous aurions à compter sur l'hostilité de tous les Balkans — hors la Bulgarie — sans que la Bulgarie, qui actuellement était très affaiblie, pût nous soutenir efficacement.

Nous devions incontestablement poser des conditions à la Serbie, et ne lui adresser un ultimatum que si elle ne les accomplissait pas. Ces conditions devaient être sévères, mais non inexécutables. Si la Serbie les acceptait, nous aurions obtenu un éclatant succès diplomatique et notre prestige serait en hausse dans les Balkans. Si par contre elle n'acceptait pas nos conditions, lui aussi en serait pour une action guerrière, mais il devait affirmer dès à présent que nous ne devions nous assigner comme but d'une telle action que l'amoindrissement, mais non l'anéantissement total de la Serbie, parce que d'une part la Russie n'y consentirait jamais sans une lutte à mort, et que d'autre part comme Président du Conseil des Ministres hongrois, il ne pourrait jamais admettre que la Monarchie annexât une partie de la Serbie.

Ce n'était pas l'affaire de l'Allemagne de juger si nous devions en découdre maintenant avec la Serbie ou non. Lui, personnellement, était d'avis qu'une guerre dans le moment actuel ne devait pas être déclarée sans réserves. Actuellement, il fallait compter que l'agitation fomentée contre nous en Roumanie était très forte, que vu la surexcitation de l'opinion publique, il faudrait compter sur une attaque roumaine, et en tout cas maintenir en Transylvanie des forces importantes pour intimider les Roumains. Maintenant où heureusement l'Allemagne avait frayé la voie à une accession de la Bulgarie à la Triple-Alliance, il s'ouvrait à nous un champ plein de promesses d'une action diplomatique féconde dans les Balkans, en créant par l'alliance de la Bulgarie et de la Turquie et leur accession à la Triple-Alliance un contre-poids contre la Roumanie et la Serbie et en contraignant par là la Roumanie à un retour à la Triple-Alliance. Sur le terrain européen, il fallait aussi tenir compte du fait que la proportion des forces de la France par rapport à l'Allemagne empirait toujours en raison du taux inférieur de la natalité, et que par suite à l'avenir l'Allemagne aurait toujours plus de troupes disponibles contre la Russie.

C'étaient là des éléments qui, pour une résolution aussi grave que celle qu'on devait prendre aujourd'hui, devaient être envisagés, et par suite, il devait revenir sur le fait, qu'en dépit de la crise en Bosnie qui d'ailleurs pouvait être conjurée par une énergique réforme administrative interne, il ne pouvait se prononcer sans réserves pour la guerre, mais qu'il considérait un succès diplomatique efficace entraînant une forte humiliation de la Serbie comme propre à améliorer notre situation et à nous rendre possible une politique balkanique féconde.

Le *Président* fait observer à ce sujet, que l'histoire des dernières années a démontré que des succès diplomatiques remportés sur la Serbie, ont, il est vrai, rehaussé temporairement le prestige de la Monarchie, mais que la tension persistant en fait dans nos rapports avec la Serbie n'avait fait que s'accentuer. Ni notre succès dans la crise de l'annexion, ni celui de la création de l'Albanie, ni le recul postérieur de la Serbie à la suite de notre ultimatum de l'automne de l'année dernière n'avaient modifié en quoi que ce soit la situation de fait. Une solution radicale de la question soulevée par la propagande panserbe systématiquement dirigée de Belgrade, dont l'effet dissolvant se faisait sentir chez nous jusqu'à Agram et à Zara, n'était possible que par une intervention énergique.

En ce qui concerne le danger d'une attitude hostile de la Roumanie, mentionné par le Président du Conseil des Ministres royal hongrois, le Président fait observer qu'il est moins à redouter actuellement que dans l'avenir où la solidarité des intérêts roumains et serbes se développera de plus en plus. Le Roi Carol a, il est vrai, parfois exprimé des doutes sur la possibilité de satisfaire le cas échéant à ses obligations d'alliance envers la Monarchie, en lui prêtant un concours actif. Par contre, on ne pouvait guère supposer qu'il se laisserait entraîner à une opération guerrière contre la Monarchie, c'est-à-dire qu'il ne pourrait pas résister à une pression de l'opinion publique dans ce sens. Du reste, il y avait lieu d'envisager la crainte que la Bulgarie inspirait à la Roumanie qui devait quelque peu entraver la liberté d'action de cette dernière, même dans la situation actuelle.

En ce qui concernait l'observation du Président du Conseil des Ministres hongrois, relative à la proportion des forces entre la France et l'Allemagne, il croyait devoir rappeler qu'au faible accroissement de la population de la France, on pouvait opposer l'augmentation de population de la Russie dans une mesure incomparablement supérieure, de sorte que l'argument que l'Allemagne à l'avenir aurait toujours plus de troupes disponibles contre la France ne paraissait pas fondé.

Le *Président du Conseil des Ministres I. et R.* déclare que le Conseil des Ministres d'aujourd'hui a été convoqué spécialement à l'effet de délibérer sur les mesures d'ordre interne à prendre en Bosnie et en Herzégovine, mesures propres d'une part à assurer le succès de l'enquête poursuivie actuellement au sujet de l'attentat, et d'autre part à réagir contre l'agitation panserbe en Bosnie. Mais ces questions devaient passer à l'arrière-plan devant la question capitale, celle de savoir si nous devions résoudre la crise intérieure en Bosnie par une manifestation de force contre la Serbie.

Cette question capitale avait pris, pour deux motifs, un caractère d'actualité; tout d'abord parce que le gouverneur de la Bosnie et de l'Herzégovine sur la base de ses constatations et de sa connaissance de la situation bosniaque partait de l'idée qu'aucunes mesures intérieures ne pourraient avoir de succès si nous ne nous décidions pas à porter à l'extérieur un coup vigoureux à la Serbie. Sur la base de ces constatations du général Potiorek, on devait se poser la question de savoir si l'on pouvait arrêter le mouvement séparatiste partant de Serbie, et si nous pouvions conserver ces deux provinces sans agir contre le Royaume.

Dans ces derniers jours, toute la situation avait pris un autre aspect, et il s'était créé une situation psychologique qui, à son avis, poussait sans réserves à un conflit armé avec la Serbie. Il partageait, il est vrai, la manière de voir du Président du Conseil des Ministres royal hongrois sur le point que c'était nous, et non le Gouvernement allemand, qui devions juger si une guerre était devenue nécessaire; mais il devait faire remarquer comme devant exercer une très grande influence sur notre décision le fait qu'au Cabinet que nous devions considérer comme le plus fidèle appui de notre politique dans la Triple-Alliance, on nous assurait, ainsi que nous l'avions appris, d'une fidélité sans réserves à l'alliance, et qu'on nous avait engagés à agir immédiatement, en réponse à la question que nous avions posée. Le comte Tisza devait attacher de l'importance à cette circonstance et envisager que par une politique d'hésitation et de faiblesse, nous courrions le risque de ne plus être aussi certains à un moment ultérieur de l'appui sans réserves de l'Empire allemand. C'était après l'intérêt du rétablissement de l'ordre en Bosnie le second élément dont il fallait tenir compte dans les résolutions à prendre.

Comment entamerait-on le conflit? C'était une question secondaire, et si le Gouvernement hongrois était d'avis qu'une attaque par surprise, *sans crier gare* (1), comme s'était exprimé le comte Tisza, n'était pas admissible, il faudrait trouver une autre voie, mais il désirait instamment que, quoiqu'il advînt, on agit vite, et que notre vie économique restât préservée d'une longue période de perturbation. Tout ceci n'était que des détails au regard de la question de principe celle de savoir si l'on devait en venir à une action guerrière ou non, et là devait avant tout prévaloir l'intérêt du prestige et de l'intégrité de la Monarchie, dont il considérerait les provinces slaves du Sud comme perdues, si l'on ne faisait rien.

C'est pourquoi il fallait aujourd'hui décider en principe que l'on en viendrait, et qu'on devait en venir à l'action. Il partageait également l'opinion du Président que la situation ne pourrait être améliorée en aucune façon par un succès diplomatique. Si pour des considérations d'ordre international on entrait dans la voie d'une action diplomatique préalable contre la Serbie, cela devait avoir lieu avec la ferme intention que cette action ne pût aboutir qu'à une guerre.

Le *Ministre des Finances communes* fait observer que le comte Stürgkh a invoqué le fait que le gouverneur désirait la guerre. Le général Potiorek affirme depuis deux ans le point de vue que nous devons en venir à une épreuve de force avec la Serbie pour pouvoir conserver la Bosnie et l'Herzégovine. On ne doit pas oublier que le gouverneur qui est sur place est la personnalité qui peut le plus exactement apprécier la situation. M. de

______

(1) En français dans le texte. (Note du traducteur).

Bilinski est également convaincu que la lutte décisive est tôt ou tard inévitable. Il n'avait jamais douté que l'Allemagne en cas de danger, ne se tînt à nos côtés, et il avait déjà reçu à ce sujet de M. de Tschirschky en novembre 1912 les assurances les plus formelles. Les derniers événements en Bosnie avaient produit dans la population serbe un état d'esprit très dangereux, en particulier le pogrom de Serbes à Sarajevo avait abouti à surexciter et à aigrir *tous* les Serbes, de sorte qu'on ne pouvait distinguer actuellement parmi les Serbes entre ceux qui étaient loyaux et ceux qui étaient panserbes. Dans le pays même on ne pourrait jamais guérir cette situation; le seul remède était une décision définitive sur le point de savoir si l'idée panserbe avait de l'avenir ou non.

Bien que le Président du Conseil des Ministres royal hongrois se déclarât disposé à se contenter actuellement d'un succès diplomatique, il ne pouvait pas l'être au point de vue des intérêts bosniaques. L'ultimatum que nous avons adressé l'automne dernier à la Serbie avait empiré l'opinion en Bosnie et n'avait fait qu'accroître la haine contre nous. On raconte universellement dans le peuple que le Roi Pierre viendra et délivrera le pays. Le Serbe n'est accessible qu'à la force ; un succès diplomatique ne ferait aucune impression en Bosnie, et serait plus nuisible qu'utile.

Le *Président du Conseil des Ministres royal hongrois* déclare qu'il a la plus haute opinion du gouverneur actuel en tant que militaire; mais en ce qui concerne l'administration civile, on ne saurait nier qu'elle a abouti à un échec complet, et que là il faut incontestablement opérer une réforme. Il ne voulait pas maintenant approfondir le sujet, vu que ce n'était pas le moment d'entreprendre de grands changements, mais il devait constater qu'il devait régner dans la police un état de choses indescriptible pour que six ou sept individus connus de la police pussent se trouver le jour de l'attentat armés de bombes et de revolvers sur le passage de l'héritier du trône assassiné, sans que la police en observât ou en éloignât un seul. Il ne voyait pas pourquoi la situation en Bosnie ne pourrait pas être améliorée par une réforme radicale de l'administration.

Le *Ministre de la Guerre I. et R.* est d'avis qu'un succès diplomatique n'aurait point de valeur. Un pareil succès serait interprété comme de la faiblesse. Au point de vue militaire, il devait affirmer qu'il serait plus favorable pour nous de faire la guerre immédiatement qu'à un moment plus reculé, vu que la proportion des forces se modifierait à l'avenir incomparablement à notre désavantage. En ce qui concernait les modalités du commencement de la guerre, il devait faire ressortir que les deux grandes guerres des dernières années, la guerre russojaponaise, comme la guerre balkanique, avaient été commencées sans déclaration de guerre préalable. Il était d'avis qu'il fallait d'abord n'exécuter que la mobilisation prévue contre la Serbie, et surseoir à la mobilisation générale jusqu'à ce qu'on pût reconnaître si la Russie bougeait ou non.

Nous avions négligé deux occasions de résoudre la question serbe, et chaque fois nous avions ajourné la décision. Si nous le faisions encore et si nous ne réagissions pas contre cette dernière provocation, cela serait interprété dans toutes les provinces slaves du Sud comme un signe de faiblesse et nous amènerions une recrudescence de l'agitation dirigée contre nous.

Au point de vue militaire, il serait désirable d'exécuter la mobilisation immédiatement et le plus secrètement possible, et de n'adresser une sommation à la Serbie qu'une fois la mobilisation terminée. Ce serait aussi favorable à cause des forces russes, vu que les corps d'armée frontières russes, en raison des congés de la moisson n'avaient pas maintenant leurs effectifs au complet.

Il s'engage là-dessus une discussion sur les buts d'une action guerrière contre la Serbie, où le point de vue du Président du Conseil des Ministres royal hongrois d'après lequel la Serbie doit être amoindrie, mais non complètement anéantie, par égard pour la Russie, est adopté. Le Président du Conseil des Ministres I. et R. affirme qu'il serait également à recommander d'écarter la dynastie Karageorgevitch et de donner la couronne à un prince européen, comme de provoquer un certain rapport de dépendance du Royaume amoindri envers la Monarchie au point de vue militaire.

Le *Président du Conseil des Ministres royal hongrois* est toujours d'avis qu'une politique balkanique féconde serait possible à la Monarchie par l'accession de la Bulgarie à la Triple-Alliance et signale la terrible catastrophe d'une guerre européenne dans les conditions actuelles. Il ne fallait pas perdre de vue les éventualités de l'avenir qui pouvaient surgir, comme une dérivation de la politique russe par suite de complications asiatiques, une guerre de revanche de la Bulgarie raffermie contre la Serbie, etc., qui pourraient rendre notre situation vis-à-vis du problème panserbe notablement plus favorable que ce n'était aujourd'hui le cas.

Le *Président* fait observer qu'on pouvait évidemment concevoir diverses éventualités dans l'avenir qui nous créeraient une situation favorable. Mais il craignait qu'on n'eût pas le temps d'attendre une pareille évolution. Il fallait compter avec le fait que du côté ennemi on préparait un assaut décisif contre la Monarchie, et que la Roumanie se faisait l'auxiliaire de la diplomatie russe et française. Il ne fallait pas admettre que la politique d'alliance avec la Bulgarie nous donnât une pleine compensation de la perte de la Roumanie. A son avis la Roumanie ne pouvait être regagnée tant qu'existerait l'agitation panserbe, vu que celle-ci entraînait comme conséquence l'agitation panroumaine, et que la Roumanie ne pourrait s'y opposer que, lorsque par l'anéantissement de la Serbie elle se sentirait isolée dans les Balkans, et verrait qu'elle ne pouvait trouver un appui que dans la Triple-Alliance. Il ne fallait pas d'ailleurs perdre de vue qu'en ce qui concernait l'accession de la Bulgarie à la Triple-Alliance, on n'avait pas encore fait le premier pas. Nous savons seulement que le Gouvernement bulgare a, il y a quelques mois, exprimé ce désir, et qu'il était sur le point de contracter une alliance avec la Turquie. Cette alliance n'a pas jusqu'ici été conclue, et la Turquie au contraire a évolué depuis sous l'influence russe et française. L'attitude du Ministère Radoslawoff ne donnait toutefois aucun lieu de douter qu'il était aujourd'hui encore décidé à prêter une oreille complaisante aux ouvertures positives que nous pourrions faire dans le sens indiqué à Sofia. Mais nous ne pouvions pas encore considérer cette orientation comme un fondement sûr de notre politique balkanique; et cela d'autant moins que le Gouvernement bulgare actuel reposait sur une base très faible, que l'accession à la Triple-Alliance serait désavouée par l'opinion publique toujours jusqu'à un certain point dominée par l'influence russe, et que le Ministère Radoslawoff pourrait être culbuté. Il fallait aussi songer que l'Allemagne n'avait d'avance admis l'action bulgare qu'à la condition que les accords avec la Bulgarie ne continssent pas de pointe dirigée contre la Roumanie. Il ne serait pas facile de remplir entièrement cette condition, et il pourrait en résulter pour l'avenir une situation peu claire.

Il s'engage de longs débats au cours desquels la question de la guerre fait l'objet d'une discussion approfondie. A la clôture des débats on peut constater :

1° Que tous les membres désirent une solution la plus prompte possible du différend avec la Serbie dans un sens guerrier ou pacifique;

2° Que le Conseil des Ministres est disposé à se rallier à la manière de voir du Président du Conseil d'après laquelle il conviendrait de ne mobiliser qu'après avoir posé des conditions concrètes à la Serbie, avoir essuyé un refus et avoir adressé un ultimatum;

3° Par contre, tous les membres présents, à l'exception du Président du Conseil des Ministres royal hongrois, sont d'avis qu'un succès diplomatique, même s'il se terminait par une humiliation éclatante de la Serbie, serait sans valeur, et que par suite il fallait poser à la Serbie des exigences tellement étendues qu'elles fissent prévoir un refus et permissent de frayer la voie à une solution radicale au moyen d'une intervention militaire.

Le comte Tisza déclare qu'il s'efforce de se rapprocher du point de vue de tous les autres membres présents, et qu'il ferait en conséquence une concession en admettant que les conditions à poser à la Serbie devaient être très sévères, mais non de nature telle qu'on reconnût clairement notre intention de poser des conditions inacceptables. Autrement nous aurions une base de déclaration de guerre impossible à justifier en droit. Le texte de la note devait être étudié avec grand soin, et il attacherait en tout cas du prix à recevoir connaissance de la note avant qu'elle fût envoyée. Il devait aussi affirmer que, si l'on ne tenait pas compte de son point de vue, il se verrait obligé d'en déduire pour sa personne les conséquences.

La séance est levée, et renvoyée à l'après-midi. A la rentrée en séance du Conseil des Ministres, le chef de l'Etat-Major général et le représentant du Commandement de la Marine sont également présents.

A la demande du Président, le Ministre de la Guerre prend la parole pour poser au chef de l'Etat-Major général trois questions : ·

1° Serait-il possible de ne mobiliser tout d'abord que contre la Serbie, et après, si cela devenait nécessaire aussi contre la Russie.

2° Pourrait-on maintenir de grandes masses de troupes en Transylvanie pour intimider la Roumanie ,

3° Où faudrait-il accepter la lutte contre la Russie.

Le chef de l'Etat-Major général répond à ces questions par des explications secrètes, et demande qu'elles ne soient pas insérées au procès-verbal.

Il s'engage sur la base de ces explications de longs débats sur la proportion des forces et sur le cours probable d'une guerre européenne, qui, vu leur caractère secret, ne se prêtent pas à l'insertion au procès-verbal.

A la clôture de ces débats, le *Président du Conseil des Ministres royal hongrois* rappelle son point de vue antérieur au sujet de la question de la guerre et adresse un nouvel appel aux membres présents en les priant de peser soigneusement leur décision.

On discute ensuite les points qui pourraient être insérés dans la note comme conditions à poser à la Serbie.

Aucune décision définitive n'intervient au Conseil des Ministres au sujet de ces points; ils n'ont été exposés que pour se faire une idée des conditions qu'on pourrait poser.

Là-dessus, le chef de l'Etat-Major général et le représentant du Commandement de la Marine quittent le Conseil des Ministres, qui s'occupe de la situation intérieure en Bosnie et des mesures qu'il convient d'y prendre. Le *Ministre des Finances* prend la parole et déclare que de ses conférences des jours derniers avec des chefs de parti il a recueilli la conviction qu'une dissolution du Landtag n'était pas à conseiller, parce qu'elle entraînerait des pertes de sièges électoraux. Maintenant, à cause de la surexcitation des esprits, on ne pouvait tenir de séances, et il voulait par suite clôturer le Landrat, et ne le convoquer qu'en septembre pour une courte session. Il espérait qu'il serait possible de faire voter le budget et le projet de loi sur les Kmètes. Cela dépendait en première ligne du point de savoir si Dimovitch — ainsi qu'il l'espérait, — n'abandonnerait pas la direction du parti des Serbes partisans du Gouvernement, et permettrait ainsi le maintien de la majorité gouvernementale actuelle. Avec la clôture du Landtag cesseraient les diètes et l'immunité des députés, de sorte que le désir du gouverneur et du Ministre de la Guerre à ce sujet pourrait recevoir satisfaction, même sans dissolution du Landtag. M. de Bilinski discute ensuite une série d'autres mesures qu'il considère comme opportunes, entre autres la dissolution de la grande association serbe Prosvjeta.

Le *Président du Conseil des Ministres royal hongrois* ne veut pas proposer maintenant de grands changements. Il signale de nouveau l'état de la police de Sarajevo, et déclare que le fiasco de l'organisation administrative en Bosnie est la conséquence directe de la situation depuis quelques années prépondérante du gouverneur, qui, comme militaire, ne peut posséder l'expérience en matière administrative nécessaire à une bonne administration.

Le *Ministre des Finances* défend le gouverneur même comme administrateur, mais convient qu'il serait désirable que l'administration civile fût entièrement séparée de l'administration militaire, et qu'on instituât comme en Dalmatie, un gouverneur civil à côté de l'inspecteur d'armée.

Sur la base d'un projet du Ministre de la Guerre L

et R. on discute alors les mesures spéciales qu'il conviendra d'arrêter en Bosnie.

Ici se manifeste l'opinion unanime de tous les membres présents, d'après laquelle il convient d'accepter certaines propositions du général Krobatin, mais que d'autres vont trop loin, et qu'en général il n'est pas possible d'arrêter des mesures administratives internes d'un caractère définitif, sans que la question principale, celle de savoir s'il faut faire la guerre à la Serbie, ait été résolue.

Le *Président* constate que bien qu'il subsiste toujours une divergence entre les vues de tous les assistants et celles du comte Tisza, on s'est rapproché, puisque, selon toute probabilité, même les propositions du Président du Conseil des Ministres royal hongrois aboutiront à un conflit armé avec la Serbie, qu'il considère ainsi que les autres membres de la Conférence, comme nécessaire.

Le comte Berchtold fait part au Conseil des Ministres de son intention de se rendre le 8 de ce mois à Ischl et de faire son rapport à Sa Majesté I. et R. Apostolique. Le *Président du Conseil des Ministres royal hongrois* prie le Président de vouloir bien soumettre à Sa Majesté un rapport respectueux qu'il rédigera pour exposer sa conception de la situation (*).

Après la rédaction d'un communiqué pour la presse, le Président lève la séance.

J'ai pris connaissance
du contenu de ce procès-verbal
Vienne, le 16 août 1914.

FRANÇOIS-JOSEPH, m. p.

Le Secrétaire,
A. HOYOS, m. p.   BERCHTOLD, m. p.

(*) Voir n° 12.

9

Rapport immédiat du comte Berchtold

Vienne, le 7 juillet 1914.

Dans la Conférence du Ministère Commun d'aujourd'hui, on a discuté d'une manière approfondie la question d'une action guerrière éventuelle contre la Serbie.

On a constaté à cette occasion qu'on ne pouvait aboutir à une parfaite unanimité de vues.

Le comte Tisza a soutenu le point de vue qu'une action guerrière ne devrait intervenir contre la Serbie que si l'on ne réussissait pas auparavant à humilier la Serbie par la voie diplomatique. Le comte Tisza craint qu'actuellement en cas de guerre nous ayons affaire aussi aux amis et aux alliés de la Serbie dans les Balkans, alors que maintenant la Bulgarie est trop faible pour pouvoir nous soutenir efficacement.

Si l'accession de la Bulgarie à la Triple-Alliance, à laquelle le Gouvernement allemand vient de donner son assentiment était réalisée, nous aurions une situation bien meilleure.

Par contre tous les autres membres de la Conférence ont partagé l'opinion soutenue par moi, d'après laquelle il faudrait profiter de l'occasion actuelle pour une action guerrière contre la Serbie, parce qu'une plus longue attente ne faisait qu'empirer notre situation, et qu'une évolution vers la Bulgarie, non encore en cours, même si elle réussissait, ne serait pas en mesure de fournir une compensation suffisante à la péjoration qu'il fallait prévoir comme certaine de nos rapports avec la Serbie et la Roumanie, ainsi que de la situation intérieure connexe.

Je prendrai respectueusement la liberté de faire oralement mon rapport à Votre Majesté jeudi matin, et j'ai dû ajourner mon départ pour Ischl, parce que le comte Tisza m'a prié de soumettre à Votre Majesté un long mémoire à l'appui de son opinion, qui ne pourra être terminé que demain soir (*).

Avec le plus profond respect.

10

Lettre du comte Berchtold au comte Tisza

Vienne, le 8 juillet 1914.

Tschirschky, qui vient de me quitter, m'a informé qu'il avait reçu un télégramme de Berlin par lequel son Auguste Maître l'avait chargé de déclarer avec *insistance* qu'à Berlin on s'attendait à une action de la Monarchie contre la Serbie, et qu'on ne comprendrait pas en Allemagne que nous laissions passer l'occasion sans porter un coup.

Je fis observer que, pour la prise de résolutions définitives, nous attacherions naturellement une grande importance à savoir jusqu'à quel point nous pouvions compter sur l'intervention de l'Allemagne à Bucarest et ce qu'on pouvait en espérer. L'ambassadeur répondit qu'on considérait à Berlin comme impossible que dans ce cas la Roumanie prît parti contre nous. Du reste, l'Empereur Guillaume avait adressé une lettre au Roi Carol, et l'on pouvait bien penser que cette lettre ne laissait rien à désirer comme netteté.

Des autres déclarations de l'ambassadeur, j'ai pu conclure qu'on interpréterait en Allemagne une transaction de notre part avec la Serbie comme un aveu de fai-

____

(*) Voir n° 12.

blesse, qui pourrait ne pas rester sans répercussion sur notre situation dans la Triple-Alliance et sur la politique future de l'Allemagne.

Les déclarations précédentes de Tschirschky me paraissent d'une telle portée qu'elles pourraient éventuellement influer sur tes conclusions. Aussi j'ai voulu t'en faire part sans retard, et je te prie, si tu le juges bon, de me télégraphier (en chiffre) à ce sujet à Ischl-les-Bains où je passerai la journée de demain, et où je pourrais me faire l'interprète de ton opinion auprès de Sa Majesté.

11

Le comte Berchtold au comte Szogyény, à Berlin

Télégramme N° 220.   Vienne, le 8 juillet 1914.
Chiffré. — Strictement secret.

M. de Tschirschky m'a, conformément à ses instructions, renouvelé les déclarations qui ont fait l'objet des télégrammes n°ˢ 237 et 239 de Votre Excellence (*).

Je prie Votre Excellence de se rendre auprès du Chancelier de l'Empire et de lui exprimer mes remerciements les plus chaleureux pour ces déclarations dictées par l'esprit de la plus sincère fidélité à l'alliance. Je vois dans la spontanéité avec laquelle le Gouvernement impérial a approuvé mon exposé une nouvelle preuve du fait que les buts et les grandes lignes directrices de la politique que les deux Puissances alliées poursuivent dans les Balkans sont identiques.

Je prie Votre Excellence de vouloir bien également informer M. de Bethmann-Hollweg qu'hier un Conseil

---

(*) Voir N°ˢ 6 et 7.

des Ministres des Affaires Communes a eu lieu ici pour délibérer sur les mesures à prendre, et que je me rends aujourd'hui à Ischl pour faire mon rapport à Sa Majesté I. et R. Apostolique.

Aussitôt que des résolutions définitives seront prises, (le moment dépend encore de la clôture de l'enquête à Sarajevo), je les porterai sans retard à la connaissance du Gouvernement impérial.

En ce qui concerne l'orientation diplomatique suggérée de la Triple-Alliance vis-à-vis de la Bulgarie, je crois devoir exprimer l'avis qu'il serait bon d'attendre encore avant de faire des ouvertures de ce genre à Bucarest, vu qu'au cas où l'on en viendrait maintenant à une action contre la Serbie, la communication en question à Bucarest pourrait avoir pour conséquence une attitude inamicale de la Roumanie à notre égard.

12

Rapport du comte Tisza,
Président du Conseil des Ministres hongrois
8 juillet 1914

Sire,

Les nouvelles assurément très réjouissantes de Berlin combinées avec la très juste indignation qu'ont provoquée les événements de Serbie, ont mûri chez tous les autres membres de la Conférence des Ministres des Affaires Communes d'hier l'intention de provoquer une guerre avec la Serbie pour en finir définitivement avec cet ennemi héréditaire de la Monarchie.

Je n'ai pas été en mesure d'approuver ce plan dans toute son étendue. Une pareille attaque contre la Serbie, selon toutes prévisions humaines, provoquerait l'intervention de la Russie et par suite la guerre mondiale, et dans ce cas, — en dépit de l'optimisme régnant à Berlin — je considèrerais la neutralité de la Roumanie comme tout au moins très douteuse. L'opinion publique de ce pays réclamerait passionnément la guerre contre nous et le Gouvernement roumain actuel ne pourrait pas du tout, et le Roi Carol que très difficilement, résister à cette pression. Dans cette guerre d'agression, il faudrait compter l'armée russe et l'armée roumaine dans le camp de nos ennemis, ce qui ferait apparaître les chances de la guerre comme très défavorables pour nous.

J'ai d'autant moins pu me rallier à une action provoquant la guerre dans de telles conditions que nous venons d'obtenir pleinement à Berlin le résultat désiré depuis longtemps, en ce sens qu'une politique dans les Balkans conséquente, active, promettant des succès, ne rencontre plus d'obstacles de ce côté, et que nous avons maintenant en main les moyens d'exercer une influence prépondérante sur l'évolution dans les Balkans et d'y créer une situation plus favorable pour nous. Cela justifie l'espoir que, si plus tard la lutte décisive nous était imposée, nous pourrions l'accepter avec de meilleures chances.

A ma question relative à la façon dont se modifierait la proportion des forces des grandes Puissances en raison des armements entrepris partout au cours des prochaines années, le chef de l'Etat-Major général après quelque réflexion a répondu « Plutôt à notre désavantage ». De cette réponse on peut tirer à bon droit la conclusion que cette modification ne serait pas très notable et serait plus que compensée par l'aspect plus favorable de la situation dans les Balkans.

Il est oiseux de discuter à nouveau l'action tant débattue qui pourrait opérer cette amélioration dans la situation balkanique. L'accession de la Bulgarie est le premier pas et en même temps le point d'Archimède que l'on doit viser pour débusquer la Russie de sa position. Immédiatement après nous aurions d'une part à travailler à une amélioration durable des rapports gréco-bulgares pour laquelle, en dépit de maintes difficultés, les chances de succès ne sont pas défavorables, et d'autre part à exercer de concert avec l'Allemagne une pression sur la Roumanie. En dépit de tout le tapage que provoquera certainement à Bucarest l'accession de la Bulgarie, ce fait exercera sans doute immédiatement une influence sur l'attitude de la Roumanie. L'affaire peut se dérouler encore bien plus favorablement pour nous, mais en mettant les choses au pire, on peut bien supposer qu'au cours de quelques années la neutralité bienveillante de la Grèce nous sera assurée, la Roumanie sera tenue en échec par une Bulgarie de nouveau forte, et qu'une action bulgare en Macédoine paralysera une partie notable de l'armée serbe.

Je résume ce que j'ai énoncé jusqu'ici en disant qu'une guerre provoquée par nous devrait être soutenue dans des conditions très défavorables, alors que l'ajournement du règlement de comptes à un temps plus reculé, si nous utilisons bien diplomatiquement ce temps aboutirait à une amélioration de la proportion des forces.

Si, outre ces points de vue politiques, j'envisage l'état des finances publiques et de la situation économique qui aggraverait colossalement les difficultés de la conduite de la guerre et rendrait les sacrifices et les souffrances qu'entraîne la guerre presqu'intolérables pour la société, je ne puis, après réflexion scrupuleuse et consciencieuse, accepter la responsabilité de l'agression militaire projetée contre la Serbie.

Je suis loin de vouloir préconiser une politique sans énergie et inactive vis-à-vis de la Serbie. Nous ne pouvons pas rester spectateurs indolents d'agissements fomentés contre nous dans cet Etat voisin, de provocations de nos propres sujets à la trahison et de préparatifs d'assassinat. Les déclarations non seulement de la presse serbe (même officieuse), mais encore des représentants de l'Etat à l'étranger attisent une telle haine et dénotent un tel manque aux convenances internationales, l'impression causée par toutes ces manifestations à l'intérieur comme à l'étranger produit de tels effets sur l'appréciation de la puissance et de la force de la Monarchie, que des considérations de prestige et de sécurité exigent impérieusement une sérieuse et énergique intervention à Belgrade.

Je ne plaide donc pas du tout pour que nous empochions ces provocations, et je suis prêt à accepter la responsabilité de toutes les conséquences d'une guerre causée par le rejet de nos justes exigences. Mais il faut à mon avis donner à la Serbie la possibilité d'éviter la guerre au prix d'une sérieuse défaite diplomatique, et si l'on en vient néanmoins à la guerre, il faut prouver aux yeux du monde entier que nous nous trouvons sur le terrain de la légitime défense.

Il conviendrait donc d'adresser à la Serbie une note conçue en termes mesurés, mais non menaçants, dans laquelle nous énumérerions nos griefs concrets auxquels nous rattacherions des demandes précises. Comme tels je peux indiquer par exemple les déclarations des diplomates serbes Spalajkovitch à Pétersbourg et Joanovitch à Berlin, la provenance de Kragujevatz des bombes trouvées en Bosnie, le fait que des ressortissants de la Monarchie compromis repassent la frontière avec de faux passeports délivrés par les autorités serbes, des déclarations hostiles et révolutionnaires de fonctionnaires et d'officiers serbes qu'il conviendra d'établir au plus tôt, enfin les abus universellement connus de la presse, des associations et de l'organisation scolaire, dont nous pouvons faire l'objet de nos griefs, et pour lesquels nous pouvons exiger dans chaque cas, le remède et la satisfaction convenables.

Si la Serbie donnait une réponse insuffisante ou voulait traîner les choses en longueur, il faudrait répondre par un ultimatum et immédiatement après son expiration par l'ouverture des hostilités. Mais d'une part nous aurions affaire à une guerre qui nous aurait été imposée — guerre que toute Puissance doit soutenir sans défaillance si elle veut conserver une existence d'Etat — et d'autre part nous aurions rejeté les torts de la guerre sur la Serbie qui aurait attiré sur elle le danger de la guerre en se refusant, même après l'attentat de Sarajevo, à remplir honnêtement les devoirs d'un voisin respectable.

Un pareil mode de procéder de notre part accroîtrait fortement les chances d'une action allemande à Bucarest, et pourrait peut-être amener l'abstention de la Russie à une participation à la guerre. Il y a lieu de prévoir que l'Angleterre, selon tout vraisemblance, exercerait une pression dans ce sens sur les autres Puissances de l'Entente et la pensée pourrait germer dans l'esprit du Tsar que ce n'est pas sa mission de protéger des menées anarchistes et des complots d'assassinat antidynastiques.

Pour éviter toutefois des complications avec l'Italie, s'assurer les sympathies de l'Angleterre et permettre à la Russie de rester spectatrice de la guerre, nous devrions au moment opportun et dans la forme convenable faire une déclaration portant que nous ne voulons pas anéantir la Serbie, et encore moins l'annexer. Après une guerre heureuse, il faudrait à mon sens amoindrir la Serbie en exigeant la cession des territoires conquis par elle à la Bulgarie, à la Grèce et à l'Albanie, et se borner tout au plus à revendiquer pour nous certaines rectifications de frontière offrant un intérêt stratégique. Il est vrai que nous aurions droit à une indemnité de guerre, ce qui nous donnerait une prise pour conserver longtemps main mise sur la Serbie.

Tels sont les plans auxquels il y aurait à travailler en cas de guerre. Si la Serbie cédait, il faudrait il est vrai accepter de bonne foi cette solution et ne pas lui couper la retraite. Dans ce cas nous aurions à nous contenter d'un fort fléchissement de l'orgueil serbe et d'une grave défaite diplomatique de cet Etat et à prendre en main une action consciente, intensive en Bulgarie et dans les autres Etats balkaniques, d'autant plus énergiquement que le succès diplomatique obtenu réagirait favorablement sur le résultat de ces négociations.

Je me suis permis de soumettre respectueusement à Votre Majesté mon opinion, en entrant dans les détails. J'ai conscience de la lourde responsabilité qui incombe dans ces temps critiques à tous ceux qui ont l'honneur de posséder la confiance de Votre Majesté. Pleinement conscient que le poids de cette responsabilité reste le même qu'on se décide à l'action ou à l'abstention, j'ai, après un scrupuleux examen de tous les éléments de la question, l'honneur de conseiller la solution moyenne décrite dans cet exposé, qui n'exclut pas un résultat pacifique, et améliore sous bien des rapports les chances de la guerre.

Il sera de mon devoir de définir au Conseil des Ministres convoqué pour demain l'attitude du Cabinet hongrois; en attendant je ne puis que déclarer en mon nom personnel, que, malgré mon dévouement au service de Votre Majesté, ou pour mieux dire, en raison de ce dévouement même, je ne puis accepter la solution exclusivement guerrière et agressive.

Budapest, le 8 juillet 1914.

Signé : STÉFAN, comte TISZA.

13

Le comte Szogyény au comte Berchtold

Télégramme n° 244.   ·Berlin, le 9 juillet 1914.

Chiffré. — Strictement secret

J'ai reçu le télégramme n° 220 d'hier de Votre Excellence.

J'ai fait transmettre les remerciements les plus chaleureux de Votre Excellence au Chancelier de l'Empire qui se trouve en congé à Hohenfinow, par l'entremise du Secrétaire d'Etat qui vient de revenir de congé.

Le Secrétaire d'Etat, ainsi que j'ai pu m'en convaincre, approuve complètement le parti pris par le Gouvernement allemand et que j'ai annoncé, et m'a assuré avec la plus grande décision qu'également à son avis, l'action contre la Serbie, dont on avait envisagé la perspective, devait être commencée sans retard.

Le ministre d'Allemagne à Bucarest serait chargé de borner pour l'instant la communication qu'il est question de faire au Roi Carol (Voir mon télégramme du 6 de ce mois**) aux négociations avec la Bulgarie, qui, d'après ses informations — celles reçues par Jagow — n'auraient pas encore commencé sous une forme concrète.

14

Le chef de l'État-Major I. et R. au comte Berchtold

Gstb. n° 2508 res.

(Sans date, approximativement le 10 juillet 1914).

Excellence,

En me référant à mon exposé à l'occasion des déli-

(*) Voir n° 11.
(**) Voir n° 7.

bérations qui ont eu lieu dernièrement sous la présidence de Votre Excellence, je me permets de consigner par écrit ce qui suit :

Pour moi, en ma qualité de chef de l'Etat-Major général, je n'ai à envisager que la formule précise de la décision portant sur le point de savoir si l'on provoquera directement l'explosion d'une guerre contre la Serbie, ou s'il faut compter seulement sur la possibilité d'une guerre.

La manière dont l'une ou l'autre alternative sera préparée par la diplomatie échappe naturellement à mon ingérence; toutefois je dois faire ressortir de nouveau, comme je l'ai déjà exposé oralement avec la pleine approbation de Votre Excellence, qu'il convient d'éviter dans la voie diplomatique tout ce qui, par des lenteurs ou par l'échelonnement de l'action diplomatique, donnerait aux adversaires le temps de prendre des mesures militaires, de sorte qu'au point de vue militaire, nous serions devancés — ce qui est toujours un désavantage, mais le serait particulièrement vis-à-vis de la Serbie et du Monténégro.

Dans ce sens, il faut éviter tout ce qui pourrait prématurément alarmer nos adversaires et provoquer des contre-mesures de leur part; il faut au contraire afficher sous tous les rapports des apparences absolument pacifiques.

Mais si l'on se décide à la démarche, il faudrait, eu égard aux intérêts militaires, qu'elle fût effectuée par un acte unique avec un ultimatum assignant un court délai, qui, s'il était accueilli par un refus, serait suivi immédiatement d'un ordre de mobilisation.

Je prie Votre Excellence de vouloir bien agréer l'assurance de ma haute considération.

Signé : CONRAD, général d'infanterie.

15

Le comte Szogyény au comte Berchtold

Rapport n° 60/P.   Berlin, le 12 juillet 1914.

Objet :
L'attitude de l'Allemagne
dans la crise serbe actuelle.

A Son Excellence le comte Berchtold, Ministre de la Maison I. et R. et des Affaires Etrangères.

Ainsi que Votre Excellence l'a appris par mes informations télégraphiques de ces jours derniers et par les impressions recueillies ici personnellement par le comte Hoyos, non seulement Sa Majesté l'Empereur Guillaume ainsi que les autres personnalités dirigeantes d'ici se tiennent fermes et fidèles à l'alliance derrière la Monarchie, mais encore l'encouragent avec la plus vive insistance à ne pas laisser échapper l'occasion actuelle, mais à agir très énergiquement contre la Serbie et à en finir une fois pour toutes avec ce nid de conspirateurs, en nous laissant entièrement le choix des moyens que nous considérerions comme opportuns.

Je n'ai *jamais douté* qu'*en tout cas* l'Empereur Guillaume et tout l'Empire allemand exécuteraient leurs obligations d'alliance envers nous de la manière la plus loyale, et j'ai toujours persisté dans cette conviction pendant les longues années au cours desquelles j'ai rempli les fonctions d'ambassadeur impérial et royal à Berlin. Aussi je n'ai pas été étonné le moins du monde que l'Allemagne dans le moment actuel nous ait immédiatement assurés de sa plus parfaite fidélité à l'alliance et de son concours.

Par contre, je crois que certains éclaircissements

ne sont pas superflus pour expliquer le fait que les milieux dirigeants allemands et surtout Sa Majesté l'Empereur Guillaume nous incitent — pourrait-on dire — à entreprendre éventuellement même une action guerrière contre la Serbie.

Il est évident qu'après tous ces événements qu'on ne saurait assez déplorer, la Monarchie doit agir avec la plus grande énergie contre la Serbie; mais le fait que le Gouvernement allemand, même à son point de vue, considère le moment actuel comme politiquement le plus opportun, a besoin d'être mis plus fortement en lumière.

Le choix du moment actuel d'après l'opinion allemande — que je partage d'ailleurs entièrement — s'impose en raison de points de vue politiques d'ordre *général* et de considérations spéciales résultant de l'assassinat de Sarajevo.

L'Allemagne a été raffermie, ces temps derniers dans sa conviction que la Russie arme en vue d'une guerre contre ses voisins de l'Ouest, et ne l'envisage plus comme une possibilité, mais l'a fait entrer directement dans ses calculs politiques d'avenir. Toutefois seulement dans ses calculs d'avenir : elle projette donc la guerre et s'arme à cet effet de toutes ses forces, mais elle ne se la propose pas pour l'instant, ou pour mieux dire: elle n'est pas suffisamment prête à l'heure actuelle.

C'est pourquoi il n'est absolument pas certain que si la Serbie était impliquée dans une guerre avec nous, la Russie l'assisterait à main armée; et si l'Empire des Tsars s'y décidait pourtant, il est actuellement loin d'être prêt au point de vue militaire et loin d'être aussi fort qu'il le sera probablement dans quelques années.

En outre, le Gouvernement allemand croit avoir des indices sûrs que l'Angleterre ne participerait pas actuellement à une guerre éclatant au sujet d'un Etat balkanique, même si elle devait aboutir à une passe d'armes avec la Russie et éventuellement avec la France. Non seulement parce que les relations anglo-allemandes se sont assez améliorées pour que l'Allemagne ne croie plus avoir à redouter que l'Angleterre prenne directement contre elle une attitude hostile, mais surtout parce que l'Angleterre n'est actuellement rien moins que belliqueuse, et n'est pas disposée à tirer les marrons du feu pour la Serbie ou en définitive pour la Russie.

En général, d'après ce qui a été dit, la situation politique est donc actuellement pour nous aussi favorable que possible.

A cela viennent s'ajouter les considérations politiques spéciales dérivant de l'attentat même.

Alors que jusqu'ici une grande partie de notre population ne croyait pas aux tendances séparatistes hostiles à la Monarchie d'une partie de nos Serbes et aux agissements entretenus chez nous dans ce sens par le Royaume, on est maintenant chez nous d'accord sur ce point, et on réclame spontanément une attitude énergique vis-à-vis de la Serbie en vue de la répression définitive de l'agitation panserbe qui y est fomentée.

De la même manière les yeux de tout le monde civilisé se sont ouverts, et toutes les nations réprouvent l'attentat de Sarajevo et comprennent que nous devons appeler la Serbie à en répondre. Et si les amis étrangers de la Serbie, pour des motifs politiques, ne prennent pas parti *contre* le Royaume, ils s'abstiendront probablement au moment actuel d'intervenir en sa faveur (tout au moins par la force des armes).

Tels doivent être les motifs politiques pour lesquels l'Empire allemand dans une si juste appréciation de l'occasion qui nous est offerte insiste sans détours pour que nous réglions nos rapports avec la Serbie qui lui paraissent aussi intolérables, de manière à pousser pour toujours à l'avenir un verrou aux menées panslavistes de la Serbie.

Aux motifs politiques de son Gouvernement vient s'ajouter chez l'Empereur Guillaume, ainsi que je l'ai appris d'une personne très sûre, possédant la confiance de Sa Majesté à un haut degré, un sentiment purement personnel, celui d'un enthousiasme sans bornes pour notre Auguste Souverain, sur l'énergie digne d'admiration, dont témoigne sa lettre autographe, avec laquelle Sa Majesté I. et R. Apostolique est résolue à intervenir pour la protection des intérêts vitaux et du prestige des pays dont le gouvernement lui est confié.

L'ambassadeur impérial et royal
Signé : SZOGYÉNY.

16

Le comte Berchtold à M. de Mérey, à Rome

Télégramme N° 801.   Vienne, le 12 juillet 1914.
Télégramme chiffré. — Strictement secret.

A déchiffrer par le premier fonctionnaire de l'ambassade.

L'action connue de Votre Excellence par la lettre particulière du comte Forgach aura lieu probablement à la fin de ce mois; les détails seront arrêtés cette semaine. Le Gouvernement allemand, avec lequel on marche complètement d'accord, est d'avis, avis que je partage, que le Gouvernement italien ne soit pas initié, et soit placé par notre démarche très énergique à Belgrade devant un fait accompli. Mais je prie Votre Excellence de vouloir bien me faire connaître votre opinion décisive sur le point de savoir s'il ne serait pas utile d'en informer le marquis de San Giuliano un jour ou quelques heures auparavant pour éviter un froissement, et pour qu'il soit en mesure d'agir sur la presse italienne et sur le public dans le sens de la fidélité à l'alliance.

En ce qui concerne l'accession de la Bulgarie à la Triple-Alliance, le comte Tarnowski entamera au cours de cette semaine des pourparlers prudents avec le Cabinet bulgare. Aussitôt que nous aurons acquis la conviction que des accords conventionnels sont devenus possibles, nous en informerons le Gouvernement italien, et nous réclamerons sa coopération nécessaire.

17

Le Conseiller de Section de Wiesner
au Ministère I. et R. des Affaires Etrangères

Télégramme sans numéro.   Sarajevo, le 13 juillet 1914.
Chiffré

Tous les milieux dirigeants sont ici convaincus que la propagande panserbe — abstraction faite de la presse — est menée de Serbie tant par des associations que par d'autres organisations, et que cela a lieu avec l'encouragement ainsi qu'au su et avec l'approbation du gouvernement serbe.

Les documents que m'ont soumis les autorités civiles et militaires, comme base à conviction, peuvent être qualifiés ainsi qu'il suit : les documents de l'époque de l'attentat ne fournissent aucuns indices de l'encouragement de la propagande par le Gouvernement serbe. Par contre les documents, bien que maigres, sont suffisants pour établir que le mouvement part de Serbie et est alimenté par des associations, avec la tolérance du Gouvernement serbe.

Enquête sur l'attentat

La complicité du Gouvernement serbe dans la direction de l'attentat ou sa préparation et la fourniture des armes n'est établie par rien et n'est pas à présumer. Il y a au contraire des indices qui doivent faire exclure cette hypothèse.

Les aveux des inculpés établissent d'une manière qui n'est guère contestable que l'attentat a été résolu à Belgrade et préparé avec la coopération des fonctionnaires serbes Ciganovitch et le major Tankositch qui ont fourni les bombes, les brownings, les munitions et le cyanure. La complicité de Pribicevitch n'est pas établie, et les premières informations à ce sujet reposent sur de regrettables malentendus des fonctionnaires de police chargés de l'enquête.

La provenance des bombes du magasin de l'armée serbe de Kragujevatz est en fait établie sans conteste; mais il n'y a pas d'indices qu'elles étaient soustraites aux magasins *ad hoc,* vu que les bombes pouvaient provenir des approvisionnements des comitadjis pendant la guerre.

Sur la base des déclarations des inculpés, il n'est guère douteux que Princip, Cabrinovitch, Grabez n'aient été, à l'instigation de Ciganovitch, passés secrètement en contrebande avec leurs bombes et leurs armes à travers la frontière en Bosnie par des fonctionnaires serbes. Ces transports organisés ont été dirigés par les capitaines des frontières de Schabatz et de Loznica et effectués par des douaniers. Bien qu'il ne soit pas établi qu'ils connussent le but du voyage, ils devaient pourtant supposer qu'il s'agissait d'une mission secrète.

Les enquêtes opérées après l'attentat ouvrent un jour sur l'organisation de la propagande de la « Narodna odbrana ». Elles contiennent des documents précieux à utiliser, mais qui n'ont pas encore été contrôlés; de promptes investigations sont en cours.

Au cas où les intentions annoncées lors de mon départ persisteraient encore, ou pourrait étendre les exigences.

A. Répression de la coopération de fonctionnaires serbes au transport frauduleux de personnes et d'objets au delà de la frontière.

B. Destitution des capitaines des frontières de Schabatz et de Loznica, ainsi que des douaniers coupables.

C. Ouverture de poursuites contre Ciganovitch et Tankositch.

Je pars ce soir, j'arriverai à Vienne mardi soir, et je me rendrai immédiatement au Ministère.

J'aurai besoin de compléter verbalement mon rapport.

18

L'Empereur Guillaume
à l'Empereur et Roi François-Joseph (*)

Bornholm, le 14 juillet 1914.

Mon Cher Ami,

C'est une sincère reconnaissance que j'ai éprouvée en songeant que c'est au jour où des événements tragiques fondaient sur Toi et réclamaient de Toi de graves décisions, que Tes pensées se sont tournées sur notre amitié et ont fait l'objet de la bonne lettre que Tu as bien voulu m'adresser. Je considère l'étroite amitié avec Toi qui m'a été transmise par mon grand-père et

---

(*) Cf. n° 1.

par mon père, comme un legs précieux, et je vois dans notre amitié réciproque le gage le plus sûr de la protection de nos Etats. L'attachement respectueux que je professe pour Ta personne Te permettra d'apprécier combien il m'a été dur d'abandonner mon projet de voyage à Vienne et de renoncer à Te témoigner publiquement ma participation intime à Ta profonde douleur.

Ton ambassadeur éprouvé, et que j'estime sincèrement, Te transmettra de ma part l'assurance que, même dans les heures graves, Tu me trouveras moi et mon Empire fidèlement à Ton côté, conformément à notre vieille amitié éprouvée et à nos obligations d'alliance. Je suis heureux de pouvoir Te le confirmer ici.

L'effroyable attentat de Sarajevo a jeté un trait de lumière sur les malsaines agitations de fanatiques déments et sur les menées panslavistes qui menacent l'édifice de nos Etats. Je dois m'abstenir de prendre parti dans les questions en jeu entre Ton Gouvernement et la Serbie, mais je considère non seulement comme un devoir moral pour tous les Etats civilisés, mais comme une nécessité pour leur préservation, de s'opposer de toutes leurs forces à la propagande par le fait qui prend pour objet de ses attaques, le ferme édifice des Monarchies. Je ne méconnais pas aussi les dangers sérieux résultant de l'agitation poursuivie par les panslavistes russes et serbes qui menacent Tes Etats, et, par voie de conséquence, la Triple-Alliance, et je reconnais la nécessité de préserver de ce danger les frontières sud de Tes Etats. Je suis prêt en conséquence à appuyer les efforts de Ton Gouvernement tendant à empêcher la formation d'une nouvelle ligue balkanique sous le patronage de la Russie et avec une pointe dirigée contre l'Autriche-Hongrie, et à provoquer comme contre-poids l'entrée de la Bulgarie dans la Triple-Alliance. C'est pourquoi en dépit de quelques objections provoquées en première ligne par le peu de confiance que mérite le caractère bulgare, j'ai fait parvenir à mon ministre à Sofia des instructions lui prescrivant d'appuyer les efforts de Ton représentant en cette ville s'il en exprime le désir.

En outre, j'ai invité mon chargé d'affaires à Bucarest à faire au Roi Carol des déclarations dans le même sens, et, en insistant sur la nouvelle situation créée par les derniers événements, à faire ressortir la nécessité de la séparation d'avec la Serbie et de la répression de l'agitation dirigée contre Tes Etats. J'ai particulièrement fait insister sur le fait que j'attachais le plus grand prix aux anciennes relations intimes d'alliance avec la Roumanie, qui d'ailleurs n'aura aucun préjudice à subir de l'alliance éventuelle de la Bulgarie avec la Triple-Alliance.

En terminant, je dois exprimer cordialement le désir qu'il Te soit donné après ces durs jours d'épreuve de trouver quelque réconfort dans Ton séjour à Ischl.

Bien sincèrement à Toi,

Ton fidèle ami,
GUILLAUME.

19

Rapport immédiat du comte Berchtold

Vienne, le 14 juillet 1914.

Dans la discussion d'aujourd'hui, à laquelle ont pris part les deux Présidents du Conseil des Ministres et le Ministre royal hongrois au quartier général de la Cour, on a abouti à une entente complète sur les conditions à poser à la Serbie. On procède actuellement à la rédaction de la note à adresser à la Serbie, dont l'examen fera l'objet d'une discussion en commun au cours d'une réunion le dimanche 19 du mois courant. Après entente sur la forme de cette note, elle sera remise samedi le 25 du mois courant à Belgrade, et il sera en même temps imparti au Gouvernement serbe un délai de 48 heures au cours duquel il devra accepter nos conditions.

Cette date a été fixée en tenant compte de la visite du Président de la République Française au Tsar qui doit durer du 20 au 25 juillet, vu que tous les assistants partageaient mon opinion que l'envoi de l'ultimatum pendant cette entrevue serait considéré à Pétersbourg comme un affront, et qu'une discussion personnelle de l'ambitieux Président de la République Française avec Sa Majesté l'Empereur de Russie sur la situation internationale créée par l'envoi de l'ultimatum, accroîtrait la probabilité d'une intervention armée de la Russie et de la France.

Le comte Tisza a renoncé aux objections qu'il avait formulées contre l'envoi d'un ultimatum assignant un bref délai, vu que j'ai attiré son attention sur les difficultés militaires qui résulteraient d'un retard. J'ai fait valoir aussi que, même après l'accomplissement de la mobilisation, une solution pacifique serait encore possible si la Serbie évoluait à temps.

Dans ce cas nous devrions assurément réclamer au Gouvernement serbe le remboursement des dépenses que nous aurait causées la mobilisation, et jusqu'à l'acquittement de ces sommes occuper un gage en Serbie.

Le comte Tisza a encore affirmé expressément qu'il ne pouvait donner son assentiment à la mesure projetée qu'à la condition, qu'avant de poser l'ultimatum, on prît, dans un Conseil des Ministres des Affaires Communes, la résolution que la Monarchie, sauf quelques petites rectifications de frontières, ne viserait à aucune conquête dans la guerre avec la Serbie.

Le contenu arrêté aujourd'hui de la note à adresser à Belgrade est de telle nature qu'il faut compter sur la probabilité d'un conflit armé. Mais si néanmoins la Serbie cédait et se conformait à nos exigences, non seulement une telle attitude du Royaume lui infligerait une humiliation profonde et signifierait *pari passu* le déclin du prestige russe dans les Balkans, mais encore elle entraînerait pour nous certaines garanties limitant les menées souterraines serbes sur notre territoire.

20

M. de Mérey au comte Berchtold

Télégramme n° 512.   Rome, 14 juillet 1914.
Télégramme chiffré. — Strictement secret.

Réponse au télégramme de Votre Excellence du 12 de ce mois n° 801*.

Bien que dans le cas où nous voudrions vraiment *provoquer* un conflit armé avec la Serbie je sois également d'avis qu'il conviendrait de *s'abstenir de négociations préalables avec l'Italie sans perspectives de succès,* je désire, pour éviter d'infliger au marquis de San Giuliano un froissement personnel trop aigu, conseiller sans réserves que je sois autorisé à lui annoncer notre action environ un jour à l'avance. Je ne me promets assurément pas dans ce cas qu'il exercera une influence sur la presse italienne dans notre sens, mais l'élimination et la mise à l'écart du Cabinet d'ici seraient toutefois un peu atténuées.

(*) Voir n° 16.

Pour me charger de cette mission, je vous prie de tenir compte du fait que le Ministre des Affaires Étrangères se trouve actuellement à Fiuggi, et se rendra à la fin de la semaine prochaine à Vallombrosa près de Florence, et qu'il faudrait par suite me mettre en mesure d'effectuer mon départ à temps.

21

Le comte Berchtold au comte Szogyény, à Berlin

Télégramme n° 234.　　　Vienne, 15 juillet 1914.

Télégramme chiffré. — Strictement secret.

A déchiffrer par le premier fonctionnaire de l'ambassade

Je viens de faire part à M. de Tschirschky des raisons qui motivent l'ajournement de l'explication imminente avec la Serbie, mais j'attacherais du prix à ce que Votre Excellence exposât au sujet de cette affaire au Chancelier de l'Empire ou le cas échéant au Secrétaire d'Etat, à titre strictement confidentiel, ce qui suit :

Bien que l'enquête poursuivie jusqu'ici à Sarajevo ait fourni des éléments suffisants, nous croyons toutefois devoir surseoir à la démarche très énergique projetée à Belgrade, jusqu'à ce que le Président de la République Française, engagé actuellement dans le voyage de Pétersbourg, ait quitté le territoire russe. Commencer l'action envisagée à un moment où le Président est fêté en Russie comme l'hôte du Tsar pourrait, ainsi qu'on le comprend, être considéré comme un affront politique, ce que nous désirons éviter. D'autre part il ne serait pas sage d'effectuer la démarche comminatoire à Belgrade précisément à l'instant où l'Empereur Nicolas, ami de la paix et réservé, et le prudent M. Sasonow, seraient exposés à l'influence immédiate de ces deux excitateurs Iswolsky et Poincaré.

Dans ces conditions, nous ne croyons pas pouvoir procéder avant la fin de la semaine prochaine à l'exécution de notre plan déjà discuté avec M. de Tschirschky.

Cet ajournement, que nous ne désirions pas, explique aisément l'attitude de notre presse officieuse.

Nous devons pour l'instant, d'une part, empêcher le fléchissement de l'opinion publique de la Monarchie favorable à notre politique, et d'autre part, ne pas laisser, par un langage de notre presse donnant systématiquement un caractère aigu à la situation, surgir chez d'autres Puissances des idées de médiation.

22

Le comte Berchtold à M. de Mérey, à Rome

Télégramme N° 820.　　　Vienne, le 15 juillet 1914.
Strictement secret.
A déchiffrer par le premier fonctionnaire de l'ambassade.

J'ai reçu le télégramme d'hier de Votre Excellence n° 512 (*). Le comte Ambrozy, dont je presse le retour à Rome, et qui apportera à Votre Excellence quelques pièces secrètes concernant l'action imminente et relatives à nos négociations avec l'Allemagne a été parfaitement mis au courant de nos intentions et de la situation, pour pouvoir donner à Votre Excellence toutes les informations qui lui sont nécessaires.

Le comte Ambrozy doit arriver à Rome samedi.

Un courrier qui arrivera probablement mardi soir à Rome apportera à Votre Excellence de plus amples instructions et spécialement le texte de la note à remettre au Gouvernement italien.

Conformément à votre proposition, j'approuve que

(*) Voir n° 20.

Votre Excellence annonce notre action imminente au marquis de San Giuliano un jour à l'avance.

Mais les dates ne sont pas encore définitivement fixées et j'aviserai Votre Excellence à temps pour qu'Elle puisse demander au marquis de San Giuliano une entrevue par télégramme ; probablement la remise de la note aura lieu le 24 ou le 25.

23

Le comte Szogyény au comte Berchtold

Télégramme n° 259 *bis.*　　　Berlin, le 16 juillet 1914.
Chiffré. — Strictement secret.

J'ai reçu le télégramme n° 234 de Votre Excellence d'hier, strictement secret[*].

Le Secrétaire d'Etat comprend parfaitement qu'il faut différer la démarche énergique envisagée à Belgrade jusqu'au départ de Pétersbourg du Président de la République Française, mais il regrette *extraordinairement* ce retard. M. de Jagow craint que ce retard n'amène un fléchissement de l'approbation sympathique et de l'intérêt qu'inspire cette démarche en Allemagne.

M. de Tschirschky annonce que le comte Tisza, lors de sa dernière visite à Vienne, est venu le voir, et l'a assuré qu'il avait renoncé à toutes les objections qu'il avait soulevées à l'origine, et qu'il approuvait entièrement une action énergique; d'ailleurs le comte Tisza s'était exprimé dans ce sens dans la déclaration qu'il avait faite hier au Parlement, ce dont il (M. de Jagow) se réjouissait beaucoup.

Mon collègue d'Italie s'est montré ces jours derniers

(*) Voir n° 21.

très préoccupé de la situation, mais il envisage la nouvelle du départ en congé du Ministre de la Guerre I. et R. et du chef de l'Etat-Major général comme un symptôme rassurant qui le satisfait manifestement.

24

M. de Mérey au comte Berchtold

Télégramme n° 523.　　　Rome, le 18 juillet 1914.
Chiffré. — Strictement secret.

Du langage tenu par le comte Berchem, secrétaire de l'ambassade d'Allemagne, à deux membres de mon ambassade, ces derniers ont recueilli l'impression que l'ambassadeur d'Allemagne qui se trouve également depuis 15 jours à Fiuggi aurait déjà fait au Ministre des Affaires Etrangères d'Italie, des confidences sur nos intentions à l'égard de la Serbie.

Ce ne serait pas la première fois que du côté allemand dans des questions épineuses entre nous et l'Italie, on rende à cette dernière de bons offices.

Peut-être y a-t-il une connexité entre ce fait et celui que le marquis de San Giuliano, qui devait terminer son traitement à Fiuggi vers la fin de la semaine prochaine, venir passer deux jours à Rome et se rendre à Vallombrosa, vient de m'écrire qu'il interrompra son traitement mardi le 21 courant et arrivera mardi l'après-midi pour séjourner 24 heures à Rome. Il ne quittera définitivement Fiuggi que le 27 de ce mois.

Je dois donc être préparé à ce que le Ministre m'interpelle mardi au sujet de notre tension avec la Serbie, ce qu'a déjà essayé de faire aujourd'hui le secrétaire général de Martino. Sous réserve d'autres instructions, je ferai comme si je n'avais reçu aucunes informations,

ce qui pourrait me placer dans une situation très fausse,
si je présume des déclarations du Ministre qu'il a déjà
été *mis au courant* (peut-être du côté allemand).

25

Le comte Szapary au comte Berchtold

Télégramme n° 146.   Pétersbourg, le 18 juillet 1914.
Chiffré.

M. Sasonow à qui j'ai rendu visite aujourd'hui, a
évité de porter spontanément la conversation sur nos
relations avec la Serbie. J'ai mentionné la triste impression de la récente catastrophe que nous ressentions
encore profondément, j'ai fait ressortir que l'apparition
de méthodes révolutionnaires terroristes dans la vie
commune des peuples était un symptôme très inquié-
tant, et qu'elle constituait un grave danger pour tous
les Etats, et surtout pour la Russie.

Le Ministre, sans contester ces considérations, fit
observer que les dernières nouvelles de Vienne l'avaient
un peu inquiété et exprima sa conviction qu'on ne pourrait jamais rapporter la preuve de la tolérance de pareilles menées par le Gouvernement serbe. Je répondis que
les résultats obtenus jusqu'ici par l'enquête faite à ce
sujet m'étaient inconnus, mais que tout Gouvernement
devait répondre, jusqu'à un certain point, de ce qui se
passait sur son territoire. Au surplus, on était convaincu à Vienne que le Gouvernement serbe se mon-
trerait disposé à accueillir nos demandes éventuelles.

M. Sasonow n'exprima pas vis-à-vis de moi sur la
forme de ces demandes les appréhensions qu'il venait
de manifester à mon collègue d'Allemagne.

26

Conseil des Ministres pour les Affaires Communes

19 juillet 1914.

K. Z., 50.   G. M. K. P. Z., 513.

Procès-verbal

de la séance du Conseil des Ministres pour les Affaires Communes tenue à Vienne le 19 juillet 1914 sous la présidence du comte Berchtold, Ministre de la Maison I. et R. et des Affaires Etrangères.

Etaient présents :

Le comte Stürgkh, Président du Conseil des Ministres I. et R.

Le comte Tisza, Président du Conseil des Ministres royal de Hongrie.

Le docteur chevalier de Bilinski, Ministre des Finances Communes I. et R.

Le chevalier de Krobatin F. Z. M., Ministre de la Guerre I. et R.

Le baron Conrad de Hötzendorf, général d'infanterie, chef de l'Etat-Major général I. et R.

Le contre-amiral de Kailer, représentant du commandant de la Marine.

Le comte Hoyos, conseiller de légation, secrétaire.

Objet : l'action diplomatique actuelle contre la Serbie.

Avant la constitution du Conseil des Ministres pour les Affaires Communes et l'ouverture de la séance par le Président, il s'engage une discussion officieuse sur la rédaction de la note à adresser à la Serbie, et son texte définitif est arrêté.

Le *Président* ouvre la séance et propose que la note soit remise au Gouvernement royal serbe le jeudi

23 juillet à 5 heures de l'après-midi, de sorte que le délai de 48 heures expire le samedi 25 courant à 5 heures de l'après-midi, et que l'ordre de mobilisation puisse être donné dans la nuit du samedi au dimanche. Le comte Berchtold estime qu'il n'est pas vraisemblable que notre démarche soit connue avant le départ du Président de la République Française de Pétersbourg, mais, même si c'était le cas, il n'y verrait pas grand inconvénient vu que nous aurions satisfait à des considérations de courtoisie en attendant la fin de la visite. Par contre, pour des raisons diplomatiques, il devait se prononcer catégoriquement contre un nouvel ajournement, vu qu'on commençait déjà maintenant à devenir nerveux à Berlin et que des nouvelles de nos intentions avaient déjà transpiré à Rome, de sorte qu'il ne pourrait répondre d'incidents fâcheux si l'on remettait encore l'affaire.

Eu égard à cette déclaration, il est résolu à l'unanimité que la note sera remise le 23 à 5 heures de l'après-midi.

Le *Président du Conseil des Ministres royal hongrois* se réserve, au cas où la nouvelle de la remise de l'ultimatum serait parvenue le jeudi soir de Belgrade à Bucarest, de faire une déclaration à la Chambre des députés hongroise. On en prend acte.

Le *chef de l'Etat-Major général* affirme que pour des raisons militaires, il tient également le commencement le plus prompt possible de l'action pour désirable. Les informations d'ordre militaire qui lui étaient parvenues dans ces derniers temps de Serbie faisaient apparaître par étapes trois situations.

Au commencement de grandes concentrations de troupes avec de forts effectifs, avaient eu lieu aux frontières bulgare et albanaise ; dans la seconde situation on avait annoncé des envois de troupes dans la Vieille

Serbie; mais il avait été établi qu'ils n'étaient pas dangereux, vu qu'il ne s'agissait que d'un échange de réservistes; mais depuis trois jours il recevait de nouveau des nouvelles plus sérieuses. Tout d'abord on lui avait annoncé que deux régiments, le 6ᵉ et le 17ᵉ avaient été dirigés de la Nouvelle Serbie sur la Vieille Serbie; hier il avait reçu, d'une source confidentielle très sûre de Bulgarie, l'information que trois divisions avaient été dirigées vers le Nord. Il devait encore faire vérifier ces nouvelles. Au cas où elles seraient vraies, il devait se prononcer pour l'exécution la plus prompte possible de contre-mesures.

On discute ensuite la question de la proclamation du régime d'exception dans tous les territoires habités par les Slaves du Sud, et, après des délibérations longues et approfondies de cette question, il est résolu à l'unanimité que le régime d'exception ne sera pas proclamé avant la publication de la mobilisation pour éviter l'impression fâcheuse que la proclamation prématurée du régime d'exception produirait non seulement à l'étranger, mais encore sur notre population. Il en sera de même pour la Bosnie et l'Herzégovine, où le régime d'exception n'entrera en vigueur qu'après le début de la mobilisation.

Le *Ministre de la Guerre I. et R.* fournit ensuite des explications sur les diverses mesures de mobilisation qu'il a préparées. Il résulte de ses déclarations que tout le nécessaire sera soumis le 22 courant à la sanction du Souverain, et que l'entente entre les deux Gouvernements au sujet des mesures à prendre par les autorités administratives est déjà établie.

Là-dessus le Conseil des Ministres décide que le gouverneur de Bosnie et d'Herzégovine sera informé par une lettre particulière des intentions du Gouvernement I. et R. à l'égard de la Serbie.

Sur le désir du Président du Conseil des Ministres royal hongrois, le chef de l'Etat-Major général donne encore des renseignements secrets sur la mobilisation, et déclare en réponse à une question du comte Tisza, que les garnisons de sûreté restant en Transylvanie au cas d'une mobilisation générale suffisent amplement à maintenir l'ordre dans le pays contre des soulèvements locaux. Il s'agissait de formations de landsturm commandées par des officiers. Un général d'un grade élevé prendrait le commandement supérieur. Ces troupes ne suffiraient assurément pas à défendre le pays contre une armée roumaine, mais même dans ce cas, elles pourraient retarder l'avance des Roumains. Ces troupes avaient été composées de manière à ne comprendre qu'une faible proportion de Roumains hongrois.

Le *Président du Conseil des Ministres royal hongrois* se déclare satisfait de cette déclaration, et affirme que, de son côté, le Gouvernement royal hongrois prendra soin de renforcer la gendarmerie en Transylvanie, et en cas de crise y nommerait un commissaire royal qui s'entendrait avec le commandant supérieur des troupes pour maintenir l'ordre dans le pays. En Transylvanie, aussitôt après la mobilisation, le régime d'exception sera proclamé.

Sur le désir du *Président du Conseil des Ministres I. et R.*, on discute académiquement la question de savoir ce que le Gouvernement I. et R. devrait entreprendre si l'Italie envoyait une expédition à Valona.

Le *Président* déclare qu'il ne considère pas une telle action de la part de l'Italie comme probable, et qu'on s'y opposerait diplomatiquement. Si néanmoins elle avait lieu, le Gouvernement I. et R. devrait probablement *pro formâ* y prendre part; mais il était prématuré d'envisager sérieusement cette hypothèse.

Là-dessus, le *Président du Conseil des Ministres*

royal hongrois prie les assistants de prendre la résolution, dont, ainsi qu'il l'a affirmé au cours de la dernière discussion, il croit devoir faire dépendre l'assentiment du Gouvernement royal hongrois à toute l'action. Le Conseil des Ministres aurait à déclarer à l'unanimité qu'à l'action contre la Serbie ne se rattachaient aucuns plans de conquête de la Monarchie et que celle-ci, sauf des rectifications de frontières imposées par des nécessités militaires, ne se proposait d'annexer aucune partie de la Serbie. Il devait absolument insister pour que cette résolution fût adoptée à l'unanimité.

Le *Président* déclare qu'il ne peut s'associer au point de vue du Président du Conseil des Ministres royal hongrois qu'avec une certaine réserve. Il était d'avis lui aussi que, dans la situation politique actuelle, au cas où nous remporterions la victoire dans une guerre avec la Serbie, nous ne devrions rien annexer de ce pays, mais viser à l'affaiblir en lui imposant la cession la plus considérable possible de territoires serbes à la Bulgarie, à la Grèce, à l'Albanie, et éventuellement à la Roumanie, de sorte qu'il ne fût plus un danger. Mais la situation dans les Balkans pouvait changer, il n'était pas impossible que la Russie réussît à renverser le Cabinet actuel de Sofia et à amener de nouveau au pouvoir un régime qui nous serait hostile ; l'Albanie aussi n'était pas un élément sûr, et comme directeur de la politique étrangère, il devait aussi compter avec la possibilité qu'à la fin de la guerre, vu la situation alors existante, il ne nous fût pas possible de ne rien annexer si nous voulions créer à notre frontière une situation meilleure que celle qui existe actuellement.

Le *Président du Conseil des Ministres royal hongrois* déclare qu'il ne peut accepter les réserves du comte Berchtold, et qu'eu égard à sa responsabilité comme Président du Conseil des Ministres hongrois, il doit insister pour que son point de vue soit adopté à l'unanimité par la Conférence. Il posait cette demande, non seulement pour des motifs de politique intérieure, mais surtout parce qu'il était personnellement convaincu que la Russie devrait engager une lutte *à outrance* (1), si nous insistions sur l'entier anéantissement de la Serbie, et parce qu'il croyait qu'un de nos plus sérieux atouts, pour améliorer notre situation internationale, consisterait à déclarer le plus tôt possible aux Puissances que nous ne voulons pas annexer de territoires.

Le *Président* déclare qu'au surplus il a l'intention de remettre cette déclaration à Rome.

Le *Président du Conseil des Ministres I. et R.* fait ressortir que même si la Monarchie s'abstenait de prendre possession du territoire serbe, il serait toutefois possible par la déposition de la dynastie, par une convention militaire et d'autres mesures opportunes, de placer la Serbie dans un rapport de dépendance envers la Monarchie. La décision du Conseil des Ministres n'exclurait d'ailleurs pas la possibilité de rectifications stratégiques de la frontière reconnues nécessaires.

Après que le *Ministre de la Guerre I. et R.* eût déclaré qu'il adhérerait à cette résolution, à la condition toutefois qu'outre une rectification de frontière, l'occupation permanente d'une tête de pont au delà de la Save, par exemple de l'arrondissement de Schabatz, ne fût pas exclue par ce programme, la résolution suivante est adoptée à l'unanimité :

Le Conseil des Ministres des Affaires Communes décide à la demande du Président du Conseil des Ministres royal hongrois qu'immédiatement après le commencement de la guerre on déclarera aux Puissances étrangères que la Monarchie ne fait pas une guerre de

---

(1) En français dans le texte. (Note du traducteur).

conquêtes, et ne se propose pas l'incorporation du Royaume. Naturellement cette décision n'exclut pas les rectifications stratégiques de la frontière reconnues nécessaires, ainsi que l'amoindrissement de la Serbie au profit d'autres Etats, ainsi que l'occupation temporaire.

Le *Président* constate qu'heureusement une entière unanimité est intervenue sur toutes les questions, et lève la séance.

J'ai pris connaissance
du contenu de ce procès-verbal.
Vienne, le 5 août 1914.

FRANÇOIS-JOSEPH, m. p.
Le secrétaire,
A. HOYOS, m. p.

BERCHTOLD, m. p.

27

Le comte Berchtold au baron de Giesl, à Belgrade

(Démarche avec délai imparti à Belgrade) (*).

Vienne, le 20 juillet 1914.

Je vous prie de vouloir bien remettre au Gouvernement royal le jeudi 23 juillet après-midi, entre 4 et 5 heures la note suivante :

« Le 31 mars 1909, le Ministre de Serbie à Vienne a fait d'ordre de son Gouvernement au Gouvernement I. et R. la déclaration suivante :

« La Serbie reconnaît qu'elle n'a pas été atteinte dans « ses droits par le fait accompli créé en Bosnie-Hercé-

---

(*) Cf. la rédaction dans le Livre Rouge austro-hongrois, n° 7 (avec la date du 22 juillet 1914).

« govine et qu'elle se conformera par conséquent à telle
« décision que les Puissances prendront par rapport
« à l'article xxv du Traité de Berlin. Se rendant aux
« Conseils des Grandes Puissances la Serbie s'engage
« dès à présent à abandonner l'attitude de protestation
« et d'opposition qu'elle a observée à l'égard de l'an-
« nexion depuis l'automne dernier, et elle s'engage, en
« outre, à changer le cours de sa politique actuelle
« envers l'Autriche-Hongrie pour vivre désormais avec
« cette dernière sur le pied d'un bon voisinage ».

« Or, l'histoire des dernières années, et notamment
les événements douloureux du 28 juin, ont démontré
l'existence en Serbie d'un mouvement subversif dont le
but est de détacher de la Monarchie austro-hongroise
certaines parties de ses territoires. Ce mouvement qui a
pris jour sous les yeux du Gouvernement Serbe est
arrivé à se manifester au delà du territoire du Royaume
par des actes de terrorisme, par une série d'attentats
et par des meurtres.

« Le Gouvernement Royal Serbe, loin de satisfaire
aux engagements formels contenus dans la déclaration
du 31 mars 1909, n'a rien fait pour supprimer ce mouvement : il a toléré l'activité criminelle des différentes
sociétés et affiliations dirigées contre la Monarchie, le
langage effréné de la presse, la glorification des auteurs
d'attentats, la participation d'officiers et de fonctionnaires dans les agissements subversifs, une propagande
malsaine dans l'instruction publique, toléré enfin toutes
les manifestations qui pouvaient induire la population
serbe à la haine de la Monarchie et au mépris de ses
institutions.

« Cette tolérance coupable du Gouvernement Royal
de Serbie n'avait pas cessé au moment où les événements
du 28 juin dernier en ont démontré au monde entier les
conséquences funestes.

« Il résulte des dépositions et aveux des auteurs criminels de l'attentat du 28 juin que le meurtre de Sarajevo a été tramé à Belgrade, que les armes et explosifs dont les meurtriers se trouvaient être munis, leur ont été donnés par des officiers et fonctionnaires serbes faisant partie de la « Narodna odbrana » et enfin que le passage en Bosnie des criminels et de leurs armes a été organisé et effectué par des chefs du service-frontière serbe.

« Les résultats mentionnés de l'instruction ne permettent pas au Gouvernement I. et R. de poursuivre plus longtemps l'attitude de longanimité expectative qu'il avait observée pendant des années vis-à-vis des agissements concentrés à Belgrade, et propagés de là sur les territoires de la Monarchie; ces résultats lui imposent au contraire le devoir de mettre fin à des menées qui forment une menace perpétuelle pour la tranquillité de la Monarchie.

« C'est pour atteindre ce but que le Gouvernement I. et R. se voit obligé de demander au Gouvernement Serbe l'énonciation officielle qu'il condamne la propagande dirigée contre la Monarchie austro-hongroise c'est-à-dire l'ensemble des tendances qui aspirent en dernier lieu à détacher de la Monarchie des territoires qui en font partie, et qu'il s'engage à supprimer, par tous les moyens, cette propagande criminelle et terroriste.

« Afin de donner un caractère solennel à cet engagement, le Gouvernement Royal de Serbie fera publier à la première page du *Journal Officiel,* en date du 26/13 juillet, l'énonciation suivante :

« Le Gouvernement Royal de Serbie condamne la
« propagande dirigée contre l'Autriche-Hongrie, c'est-à-
« dire l'ensemble des tendances qui aspirent en dernier
« lieu à détacher de la Monarchie austro-hongroise des

« territoires qui en font partie, et il déplore sincèrement
« les conséquences funestes de ces agissements crimi-
« nels.

« Le Gouvernement Royal regrette que des officiers
« et fonctionnaires serbes aient participé à la propa-
« gande sus-mentionnée et compromis par là les rela-
« tions de bon voisinage auquel (1) le Gouvernement
« Royal s'était solennellement engagé par sa déclaration
« du 31 mars 1909.

« Le Gouvernement Royal qui désapprouve et ré-
« pudie toute idée ou tentative d'immixtion dans les
« destinées des habitants de quelque partie de l'Au-
« triche-Hongrie que ce soit, considère de son devoir
« d'avertir formellement les officiers, les fonctionnaires
« et toute la population du Royaume que dorénavant
« il procédera avec la dernière rigueur contre les per-
« sonnes qui se rendraient coupables de pareils agisse-
« ments, agissements qu'il mettra tous ses efforts à pré-
« venir et à réprimer. »

« Cette énonciation sera portée simultanément à
la connaissance de l'Armée Royale par un ordre du
jour de Sa Majesté le Roi et sera publiée dans le *Bulle-
tin Officiel de l'Armée*.

« Le Gouvernement Royal Serbe s'engage en outre:

1° à supprimer toute publication qui excite à la
haine et au mépris de la Monarchie et dont la tendance
générale est dirigée contre son intégrité territoriale;

2° à dissoudre immédiatement la Société dite « Narodna odbrana », à confisquer tous ses moyens de propagande, et à procéder de la même manière contre les
autres sociétés et affiliations en Serbie qui s'adonnent à
la propagande contre la Monarchie austro-hongroise; le
Gouvernement Royal prendra les mesures nécessaires

---

(1) *Sic* dans le texte. (Note du Traducteur).
L. R. I.

pour que les sociétés dissoutes ne puissent pas continuer leur activité sous un autre nom et sous une autre
forme;

3° à éliminer sans délai de l'instruction publique
en Serbie, tant en ce qui concerne le corps enseignant
que les moyens d'instruction, tout ce qui sert ou pourrait servir à fomenter la propagande contre l'Autriche-
Hongrie;

4° à éloigner du service militaire et de l'administration en général tous les officiers et fonctionnaires
coupables de la propagande contre la Monarchie austro-
hongroise, et dont le Gouvernement I. et R. se réserve
de communiquer les noms et les faits au Gouvernement
Royal;

5° à accepter la collaboration en Serbie des organes
du Gouvernement I. et R. dans la suppression du mouvement subversif dirigé contre l'intégrité territoriale de
la Monarchie;

6° à ouvrir une enquête judiciaire contre les partisans du complot du 28 juin se trouvant sur territoire
serbe;

des organes, délégués par le Gouvernement I. et R.,
prendront part aux recherches y relatives;

7° à procéder d'urgence à l'arrestation du commandant Voija Tankosic, et du nommé Milan Ciganovic,
employé de l'Etat Serbe, compromis par les résultats de
l'instruction de Sarajevo ;

8° à empêcher, par des mesures efficaces, le concours des Autorités Serbes dans le trafic illicite d'armes
et d'explosifs à travers la frontière;

à licencier et punir sévèrement les fonctionnaires
du service-frontière de Schabatz et de Loznica coupables
d'avoir aidé les.auteurs du crime de Sarajevo en leur
facilitant le passage de la frontière;

9° à donner au Gouvernement I. et R. des explica-

tions sur les propos injustifiables de hauts fonctionnaires serbes tant en Serbie qu'à l'étranger qui, malgré
leur position officielle, n'ont pas hésité après l'attentat
du 28 juin de s'exprimer dans des interviews d'une
manière hostile envers la Monarchie austro-hongroise,
enfin

10° d'avertir, sans retard, le Gouvernement I. et R.
de l'exécution des mesures comprises dans les points
précédents.

« Le Gouvernement I. et R. attend la réponse du
Gouvernement Royal, au plus tard jusqu'au samedi 25
de ce mois à 5 h. du soir.

« Un mémoire concernant les résultats de l'instruction de Sarajevo à l'égard des fonctionnaires mentionnés aux points 7 et 8, est annexé à cette Note » (1).

A l'occasion de la remise de la présente Note, vous
voudrez bien ajouter verbalement, qu'au cas où dans
l'intervalle vous n'auriez pas reçu du Gouvernement
royal une réponse contenant une acceptation *sans réserves*, vous avez pour instructions, à l'expiration d'un délai
de quarante-huit heures, à compter du jour et de l'heure
de votre communication, de quitter Belgrade avec le
personnel de la Légation I. et R.

Annexe

L'instruction criminelle ouverte par le tribunal de
Sarajevo contre Gavrilo Princip et consorts du chef d'assassinat et de complicité y relative, crime commis par
eux le 28 juin dr., a jusqu'ici abouti aux constatations
suivantes :

1° Le complot ayant pour but d'assassiner, lors de
son séjour à Sarajevo, l'archiduc François-Ferdinand fut
formé à Belgrade par Gavrilo Princip, Nedeljko Cabri-

---

(1) Reproduction littérale de l'original en français. (Note
du Traducteur).

novic, le nommé Milan Ciganovic et Trifko Grabez avec
le concours du commandant Voija Tankosic.

2° Les 6 bombes et les 4 pistolets Browning avec
munitions, moyennant lesquels les malfaiteurs ont commis l'attentat, furent livrés à Belgrade à Princip, Cabrinovic et Grabez par le nommé Milan Ciganovic et le
commandant Voija Tankosic.

3° Les bombes sont des grenades à main prove-
nant du dépôt d'armes de l'armée serbe à Kragujevac.

4° Pour assurer la réussite de l'attentat, Ciganovic
enseigna à Princip, Cabrinovic et Grabez la manière de
se servir des grenades et donna, dans une forêt près du
champ de tir à Topschider, des leçons de tir avec pistolets Browning à Princip et Grabez.

5° Pour rendre possible à Princip, Cabrinovic et
Grabez de passer la frontière de Bosnie-Hercégovine et
d'y introduire clandestinement leur contrebande d'armes, un système de transport secret fut organisé par
Ciganovic.

D'après cette organisation l'introduction en Bosnie-Hercégovine des malfaiteurs et de leurs armes fut
opérée par les Capitaines-frontière de Sabac (Rade Popo-
vic) et de Loznica ainsi que par le douanier Rudivoj
Grbic de Loznica avec le concours de divers particu-
liers.

28

Dépêche du comte Berchtold au baron de Giesl, à Belgrade

Vienne, le 20 juillet 1914.

Comme suite à la dépêche qui parvient à votre
légation au sujet de la remise de nos demandes au
Gouvernement serbe, j'ai l'honneur de vous adresser
les instructions suivantes pour régler votre attitude.

Les demandes exposent le minimum que nous puissions exiger pour épurer nos relations avec la Serbie actuellement intenables. Nous devons aussi réclamer que la décision du Gouvernement serbe nous soit connue dans un délai de 48 heures, et nous ne pourrions aucunement consentir à une prolongation de ce délai sous prétexte que le Gouvernement serbe désirerait recevoir des explications précises sur la portée et sur le sens de certaines de ces demandes.

Nous ne pouvons nous prêter à aucunes négociations avec la Serbie au sujet de nos conditions, et seule leur acceptation sans réserves au cours du délai prévu pourra suffire à nous détourner d'en tirer de plus amples conséquences.

Si le Gouvernement serbe demande quelles mesures le Gouvernement I. et R. compte prendre après la rupture des relations diplomatiques, Votre Excellence déclarera qu'Elle n'a pas reçu d'informations sur ce point.

De sa propre initiative, et sans se référer à ses instructions, Votre Excellence pourra ajouter qu'au cours de ces dernières années nous avons été à deux reprises, obligés par l'attitude hostile du Royaume à des mesures militaires coûteuses, et, qu'au cas où cela se produirait de nouveau, nous nous verrions contraints à rendre le Gouvernement serbe responsable de toutes les dépenses qui nous auraient été causées.

Votre Excellence évitera toute discussion sur le contenu de la note et l'interprétation de certaines de ses conditions, et Elle déclarera à M. Pachitch, s'il insistait, qu'Elle n'a pas été autorisée à une plus ample discussion mais qu'Elle doit réclamer l'acceptation *pur et simple* (1). Votre Excellence devra aussi exiger de M. Pachitch que la traduction serbe de la note à publier au

---

(1) *Sic* en français dans le texte. (Note du traducteur).

Journal Officiel, ainsi que le texte serbe de l'Ordre à l'Armée vous soient soumis, pour que vous puissiez vous assurer de l'exactitude de la traduction.

Par le télégramme officiel n° 67 du 13 courant, ainsi que par la dépêche secrète du 28 novembre 1912 n° 80215, qui y est mentionnée Votre Excellence a reçu des instructions précises sur la manière dont Elle doit se comporter en cas de rupture des relations diplomatiques.

Aussitôt que le délai de 48 heures depuis la remise de la note sera expiré, sans qu'une acceptation soit parvenue, Votre Excellence devra informer par note le Gouvernement serbe que, vu l'expiration du délai, conformément à vos instructions vous quittez le territoire serbe avec le personnel de votre légation, que conformément à vos instructions vous confiez la protection de nos nationaux et de nos intérêts à..., et que vous laissez à Belgrade, le chancelier de légation... i et r., qui sera affecté pour rapports de service à... Nos relations diplomatiques seront ainsi rompues avec la Serbie.

Après l'exacte exécution de toutes les autres instructions contenues dans la dépêche précitée n° 80215 du 28 novembre 1912, Votre Excellence avec le personnel de la légation se rendra par le premier bateau à Semlin.

Je prie en outre Votre Excellence de me télégraphier immédiatement après l'expiration du délai imparti à la Serbie par télégramme chiffré, le fait que la Serbie n'a pas rempli nos conditions, soit que le délai est expiré, et d'envoyer en même temps un membre de votre personnel à Semlin pour que celui-ci envoie directement de là un avis télégraphique en clair. On pourrait peut-être s'arranger de façon à ce que le fonctionnaire en question partît d'avance pour Semlin, et envoyât le télégramme sur avis télégraphique de Votre Excellence.

29

**Le comte Berchtold aux Ambassadeurs I. et R.
à Berlin, Rome, Paris, Londres, Saint-Pétersbourg
et Constantinople (*)**

(Démarche avec délai imparti à Belgrade).
Nº 3401-3406.   Vienne, le 20 juillet 1914.

Au

Comte Szogyény, Berlin, numéro 3401.
A M. de Mérey, Rome, numéro 3402.
Comte Szecsen, Paris, numéro 3403.
Comte Mensdorff, Londres, numéro 3404.
Comte Szapary, Saint-Pétersbourg, numéro 3405.
Marquis Pallavicini, Constantinople, numéro 3406.

Le Gouvernement I. et R. s'est vu obligé d'adresser jeudi le 23 de ce mois, par l'entremise du ministre i. et r. à Belgrade, la note suivante au Gouvernement Royal de Serbie :

« Le 31 mars... »
suit le texte du Nº 27 *bis :* « ... annexée à cette Note. » **

J'ai l'honneur d'inviter Votre Excellence de vouloir porter le contenu de cette Note à la connaissance du Gouvernement auprès duquel vous êtes accrédité, en accompagnant cette communication du commentaire que voici :

Le 31 mars 1909, le Gouvernement Royal Serbe a adressé à l'Autriche-Hongrie la déclaration dont le texte est reproduit ci-dessus ***.

Le lendemain même de cette déclaration, la Serbie

______

(*) Cf. la rédaction du Livre Rouge austro-hongrois nº 8 (avec la date du 22 juillet 1914).
(**) Voir pages 78 à 83.
(***) Voir nº 27, paragraphe 3 (page 67).

s'est engagée dans une politique tendant à inspirer des idées subversives aux ressortissants serbes de la Monarchie austro-hongroise et à préparer ainsi la séparation des territoires austro-hongrois, limitrophes à la Serbie.

La Serbie devint le foyer d'une agitation criminelle.

Des sociétés et affiliations ne tardèrent pas à se former qui soit ouvertement, soit clandestinement, étaient destinées à créer des désordres sur le territoire austro-hongrois. Ces sociétés et affiliations comptent parmi leurs membres des généraux et des diplomates, des fonctionnaires d'Etat et des juges, bref les sommités du monde officiel et inofficiel du Royaume.

Le journalisme serbe est presque entièrement au service de cette propagande, dirigée contre l'Autriche-Hongrie, et pas un jour ne passe sans que les organes de la presse serbe n'excitent leurs lecteurs à la haine et au mépris de la Monarchie voisine ou à des attentats dirigés plus ou moins ouvertement contre sa sûreté et son intégrité.

Un grand nombre d'agents est appelé à soutenir par tous les moyens l'agitation contre l'Autriche-Hongrie et à corrompre dans les provinces limitrophes la jeunesse de ces pays.

L'esprit conspirateur des politiciens serbes, esprit dont les annales du Royaume portent les sanglants empreintes, a subi une recrudescence depuis la dernière crise balkanique; des individus ayant fait partie des bandes jusque-là occupées en Macédoine, sont venus se mettre à la disposition de la propagande terroriste contre l'Autriche-Hongrie.

En présence de ces agissements auxquels l'Autriche-Hongrie est exposée depuis des années, le Gouvernement de la Serbie n'a pas cru devoir prendre la moindre mesure. C'est ainsi que le Gouvernement Serbe a manqué au devoir que lui imposait la déclaration solennelle du 31 mars 1909, et c'est ainsi qu'il s'est mis en contradiction avec la volonté de l'Europe et avec l'engagement qu'il avait pris vis-à-vis de l'Autriche-Hongrie.

La longanimité du Gouvernement I. et R. à l'égard de l'attitude provocatrice de la Serbie, était inspirée du désintéressement territorial de la Monarchie austro-hongroise et de l'espoir que le Gouvernement Serbe finirait tout de même par apprécier à sa juste valeur l'amitié de l'Autriche-Hongrie. En observant une attitude bienveillante pour les intérêts politiques de la Serbie, le Gouvernement I. et R. espérait que le Royaume se déciderait finalement à suivre de son côté une ligne de conduite analogue. L'Autriche-Hongrie s'attendait surtout à une pareille évolution dans les idées politiques en Serbie, lorsque, après les événements de l'année 1912, le Gouvernement I. et R. rendit possible par une attitude désintéressée et sans rancune l'agrandissement si considérable de la Serbie.

Cette bienveillance manifestée par l'Autriche-Hongrie à l'égard de l'Etat voisin n'a cependant aucunement modifié les procédés du Royaume qui a continué à tolérer sur son territoire une propagande, dont les funestes conséquences se sont manifestées au monde entier le 28 dr., jour, où l'héritier présomptif de la Monarchie et son illustre épouse devinrent les victimes d'un complot tramé à Belgrade.

En présence de cet état de choses, le Gouvernement I. et R. a dû se décider à entreprendre de nouvelles et pressantes démarches à Belgrade afin d'amener le Gouvernement Serbe à arrêter le mouvement incendiaire menaçant la sûreté et l'intégrité de la Monarchie austro-hongroise.

Le Gouvernement I. et R. est persuadé qu'en entreprenant cette démarche, il se trouve en plein accord avec les sentiments de toutes les nations civilisées qui ne sauraient admettre que le régicide devint une arme dont on puisse se servir impunément dans la lutte politique, et que la paix européenne fût continuellement troublée par les agissements partant de Belgrade.

C'est à l'appui de ce qui précède que le Gouvernement I. et R. tient à la disposition du Gouvernement... un dossier élucidant les menées serbes et les rapports existant entre ces menées et le meurtre du 28 juin.

Une communication identique est adressée aux Représentants Impériaux et Royaux auprès des autres Puissances Signataires.

Vous êtes autorisé de laisser une copie de cette dépêche entre les mains de Monsieur le Ministre des Affaires Etrangères (1).

Vienne, le 24 juillet 1914 (*).

30

Le comte Berchtold aux Ambassadeurs I. et R. à Berlin, Rome, Paris, Londres, Saint-Pétersbourg et Constantinople

Vienne, le 20 juillet 1914.

Adresse :

1. Comte Szogyény, Berlin, numéro 3426.
2. M. de Merey, Rome, numéro 3427.
3. Comte Szecsen, Paris, numéro 3428.
4. Comte Mensdorff, Londres, numéro 3429.
5. Comte Szapary, Saint-Pétersbourg, numéro 3430.
6. Marquis Pallavicini, Constantinople, numéro 3431.

1. Berlin

Quand Votre Excellence le vendredi 24 courant

---

(1) Reproduction littérale de l'original en français (Note du Traducteur).

(*) Cette date représente l'antidate arrêtée pour le jour de la remise.

matin portera personnellement à la connaissance du Gouvernement impérial la dépêche officielle qu'Elle garde (*), Elle se bornera à faire observer que l'entente politique complète déjà intervenue avec le Cabinet allemand la dispense de motiver confidentiellement et oralement notre démarche à Belgrade.

Les motifs pour lesquels nous n'avons pu entreprendre qu'*hier* notre démarche à Belgrade (**) ont été déjà exposés oralement en temps et lieu à Monsieur de Tschirschky, et ont été entre temps, en vertu de mon télégramme n° 234 (***), portés par Votre Excellence à la connaissance du Gouvernement impérial allemand.

2. Rome.

La remise de la dépêche officielle conservée à l'ambassade, remise qui, au cas où le marquis de San Giuliano serait encore absent de Rome, pourra être effectuée le vendredi 24 courant dans la matinée à son représentant, ne nécessitera sans doute pas des explications verbales plus précises de la part de Votre Excellence parce que Votre Excellence a vu peu auparavant le marquis de San Giuliano et l'a préparé à cet événement. Peut-être toutefois pourra-t-il paraître opportun à Votre Excellence d'attirer spécialement l'attention sur le fait que la « *Narodna odbrana* » à laquelle appartiennent toutes les personnalités serbes compromises dans le complot du 28 juin courant, est *une organisation de combat répandue dans toute la Serbie*, dont l'activité, d'après le programme authentique en notre possession, maintenant que la Turquie a disparu comme objet d'attaque, est dirigée maintenant seulement et uniquement contre la Monarchie.

(*) Voir n° 29.

(**) C'est-à-dire le 23 juillet, vu que la dépêche en question a été datée à l'avance du 24 juillet. Cf. page 90, note.

(***) Voir n° 21.

3. Paris

La dépêche conservée et destinée à être communiquée au Gouvernement français concerne les demandes que nous nous voyons forcés d'adresser au Gouvernement royal serbe pour endiguer le mouvement panserbe. Je prie Votre Excellence de vouloir bien porter cette dépêche le vendredi 24 courant dans la matinée à la connaissance du Gouvernement français.

L'exposé de ce document officiel est si bien fait qu'il me dispense de la tâche de confier à Votre Excellence le soin de justifier verbalement notre action contre la Serbie. Il sera toutefois utile que Votre Excellence à l'occasion de la remise de cette note, rappelle que la France en ce qui concerne les difficultés qui ont surgi dans la politique européenne au cours des dernières années, s'est toujours employée d'une façon méritoire, à aplanir les différends entre les deux groupes de Puissances.

4. Londres.

Je prie Votre Excellence de vouloir bien porter le vendredi 24 courant dans la matinée la dépêche officielle conservée à l'ambassade à la connaissance de Monsieur le Secrétaire d'Etat ou de son représentant.

Votre Excellence à cette occasion peut exposer verbalement que la politique anglaise et celle de la Monarchie ont heureusement dans ces dernières années, même dans les questions d'Orient, montré des tendances convergentes; que la confiance réciproque est rétablie, et que le public anglais (après une période d'oscillations actuellement entièrement surmontée), témoigne de nouveau de l'intérêt pour la situation de grande Puissance de l'Autriche-Hongrie, et pour les intérêts vitaux de la Monarchie. Dans les explications en cours avec la Serbie, il s'agit précisément d'un de ces intérêts vitaux. L'assassinat de l'archiduc héritier du trône, qui a été décidé et dirigé en Serbie (le dossier à la disposition des Puissances donne à ce sujet des renseignements irrécusables) a nettement démontré ce que l'on devait prévoir si l'on ne forçait pas la Serbie à dissoudre toutes les associations qui de centres de conspirateurs politiques (comme la « Narodna odbrana »), étendent leurs ramifications dans les pays et territoires de la Monarchie. L'Angleterre, où le régicide serbe avait bouleversé le plus profondément les esprits, comprendrait certainement que l'opinion publique de la Monarchie exigeât impérieusement une expiation pour la complicité morale, et l'inertie criminelle des milieux de Belgrade. Ces milieux ne sont que bien peu jusqu'ici arrivés à reconnaître le caractère odieux de l'attentat de Sarajevo. C'est ce que prouvent les déclarations des diplomates et des officiers serbes après l'attentat, ce que prouvent chaque ligne imprimée dans les feuilles de Belgrade et le fait que le Gouvernement serbe n'a pas encore levé un doigt pour poursuivre sur le territoire serbe les complices serbes du crime du 28 juin.

5. Pétersbourg

Je prie Votre Excellence de vouloir bien porter le vendredi 24 courant dans la matinée la dépêche officielle conservée à votre ambassade à la connaissance de Monsieur le Ministre des Affaires Etrangères ou de son représentant.

Je prie Votre Excellence de vouloir bien ajouter verbalement à l'exposé de cette note ce qui suit :

Le Gouvernement I. et R. se sait affranchi de tout sentiment d'hostilité et de malveillance à l'égard de la Serbie; pendant la crise de 1912 le Gouvernement I. et R. par son attitude bienveillante et de désintéressement territorial a rendu possible à la Serbie d'agrandir de près du double son territoire. Aujourd'hui encore, dans la démarche grave qu'elle entreprend à Belgrade, la Monarchie ne s'inspire que des nécessités de sa conservation et de sa légitime défense.

Le Gouvernement I. et R. entend exclusivement préserver le territoire de la Monarchie de l'invasion de miasmes insurrectionnels germant dans le Royaume voisin, et de s'opposer à la tolérance indulgente manifestée jusqu'ici par le Gouvernement serbe à l'égard de toutes les menées dirigées sur le territoire serbe par paroles, écrits et actes contre l'intégrité de la Monarchie.

L'assassinat de l'archiduc héritier du trône dirigé de Belgrade (le dossier tenu à la disposition du Gouvernement impérial fournit sur la connexité découverte et sur la complicité de la « Narodna odbrana » des preuves irrécusables) devait mettre un terme à la longanimité du Gouvernement I. et R. à l'égard des menées serbes.

L'assassinat de Sarajevo doit aussi éveiller un sentiment de solidarité chez les grandes Monarchies dont l'intérêt commun est de se défendre contre le régicide d'où qu'il provienne, et quel que soit celui qu'il atteigne.

6. Constantinople.

Je prie Votre Excellence de vouloir bien porter le vendredi 24 courant dans la matinée la dépêche officielle conservée à l'ambassade à la connaissance de Monsieur le Ministre des Affaires Etrangères ou de son représentant.

31

**Le comte Berchtold aux Ministres I. et R.
à Bucarest, Sofia, Athènes, Cettigné et Durazzo**

Vienne, le 20 juillet 1914.

Adresse :

1. Comte Czernin, Bucarest, numéro 3432.

2. Comte Tarnowski, Sofia, numéro 3433.

3. M. de Szilassy, Athènes, numéro 3434.

4. M. Otto, Cettigné, numéro 3435.

5. M. de Lowenthal, Durazzo, numéro 3436.

Secret.

I

Bucarest.

(A emporter par le comte Czernin le lundi 20 juillet).

Votre Excellence reçoit en annexe le texte d'une dépêche adressée aux représentants i. et r. accrédités auprès des Puissances signataires (*) qu'ils sont chargés de porter le vendredi 24 courant dans la matinée à la connaissance des Cabinets respectifs.

Votre Excellence est autorisée à donner le vendredi 24 courant, à Sa Majesté le Roi et à Monsieur le Ministre des Affaires Etrangères, connaissance à titre strictement confidentiel du contenu de cette note.

Comme j'ai eu l'occasion de discuter oralement avec Votre Excellence l'ensemble des questions connexes à notre démarche à Belgrade, Votre Excellence sera en mesure de mettre à la disposition de Sa Majesté le Roi, outre les indications irrécusables contenues dans la note aux grandes Puissances, toutes les explications désirables sur les résultats de l'enquête à Sarajevo et sur les nécessités qui en résultent pour nous.

Dans la conversation de Votre Excellence avec Sa Majesté, il conviendrait spécialement de faire valoir la note de la fidèle amitié qui depuis de longues années unit le Roi à notre Auguste Souverain et d'affirmer que le mouvement anarchiste importé de Serbie dans la Monarchie, vise directement la dynastie et ses membres.

____

(*) Voir n° 29.

2

Sofia

Lundi soir, 20 juillet, par le courrier de Constantinople

Vous recevez en annexe le texte d'une dépêche adressée aux représentants i. et r. accrédités auprès des Puissances signataires (*) qu'ils sont chargés de porter le vendredi 24 courant dans la matinée à la connaissance des Cabinets respectifs.

Vous êtes autorisé à faire vendredi au Gouvernement bulgare des déclarations dans le sens de cette dépêche et à faire le nécessaire pour que Sa Majesté le Roi en soit informé.

Les explications qui vous ont été fournies au Ministère des Affaires Etrangères à l'occasion de votre dernier séjour à Vienne vous ont parfaitement mis au courant de notre conception de la situation et du mouvement terroriste importé par les Serbes dans la Monarchie, de sorte que je n'ai besoin de rien ajouter à l'exposé contenu dans le document officiel ci-annexé.

Mais il sera utile que, dès maintenant, dans vos entretiens avec les hommes d'Etat bulgares vous signaliez que nous attendons de la Bulgarie une interprétation sympathique de la grave démarche que nous nous sommes vu forcer d'entreprendre à Belgrade, et qu'il est d'ailleurs de l'intérêt de la Bulgarie, d'assister avec calme et sang-froid aux événements qui peuvent surgir.

3

Athènes.

A

(Télégramme chiffré du 24 juillet matin).

Le ministre i. et r. à Belgrade a hier, jeudi 23 cou-

____

(*) Voir n° 29.

rant, remis au Gouvernement royal serbe une note le sommant d'accepter dans le délai de 48 heures une série de conditions que nous nous sommes vu obligés de poser en raison des résultats de l'enquête de Sarajevo et de la constatation que nous devions mettre un terme à l'agitation poursuivie depuis des années de Belgrade dans nos pays frontières du Sud.

Ce qui précède est destinée à votre information et à votre orientation.

Vous êtes également autorisé à faire d'une manière confidentielle des déclarations dans le sens de ce télégramme au Président du Conseil des Ministres de Grèce et à Monsieur Streit.

Le texte de notre note d'information aux Puissances signataires, vous a été transmis lundi par la valise (*).

Il n'y a pas d'inconvénient à ce que vous utilisiez ce document dans vos conversations avec les Ministres grecs précités.

B.

(Dépêche expédiée lundi par la valise)

Je vous transmets en annexe, la copie de la dépêche adressée aux représentants i. et r. accrédités auprès des Puissances signataires (**) que ceux-ci sont chargés de porter le vendredi 24 courant, dans la matinée à la connaissance des Cabinets respectifs.

4

Cettigné.

(Expédiée lundi par la valise à Cattaro.
Arrivée à Cattaro mercredi)

Vous recevez en annexe le texte d'une dépêche adressée aux représentants i. et r. accrédités auprès

---

(*) Cf. B. du présent numéro.
(**) Voir n° 29.
L. R. I.

7

des Puissances signataires (*) qu'ils sont chargés de remettre le vendredi 24 courant aux Cabinets respectifs.

Vous êtes autorisé à faire le vendredi 24 courant des déclarations dans le sens de cette dépêche à Sa Majesté le Roi et à Monsieur le Ministre des Affaires Etrangères.

Vous ferez ressortir dans vos conversations à ce sujet que dans la question de l'attentat de Sarajevo et du mouvement de rébellion importé dans la Monarchie, nous savons très bien faire une distinction entre la Serbie et le Monténégro et que nous sommes heureux de pouvoir rendre au Monténégro, le témoignage qu'aucune trace de l'acte criminel commis le 28 juin ne remonte au Monténégro.

Nous sommes en conséquence convaincus que le Monténégro par son attitude vis-à-vis de la démarche effectuée à Belgrade, déclinera toute solidarité avec les tendances qui ont abouti aux événements du 28 juin.

5

A

Durazzo

(Télégramme chiffré le 24 juillet).

Le ministre i. et r. à Belgrade a hier, jeudi 23 courant, remis au Gouvernement royal serbe une note le sommant d'accepter dans un délai de 48 heures une série de conditions que nous nous sommes vu obligés de poser en raison des résultats de l'enquête de Sarajevo et de la constatation que nous devions mettre un terme à l'agitation poursuivie depuis des années de Belgrade dans nos pays frontières du Sud.

Ce qui précède n'est destiné provisoirement qu'à

(*) Voir n° 29.

votre information et à votre orientation et pour régler votre langage. La dépêche avec le texte de la note d'information adressée aux Puissances signataires est en route par le Lloyd.

B.

(Dépêche transmise par le Lloyd le 27 juillet)

Je vous transmets le 24 courant, pour votre information et orientation et pour régler votre langage, la copie de la dépêche adressée aux représentants i. et r. accrédités auprès des Puissances signataires (*) que ceux-ci sont chargés de porter le vendredi 24 courant dans la matinée à la connaissance des Cabinets respectifs.

32

Le comte Berchtold à M. de Mérey, à Rome, et au comte Szogyény, à Berlin

Vienne, le 20 juillet 1914.

Adresse :
1. M. de Mérey, Rome, numéro 3437.
2. Comte Szögyény, Berlin, numéro 3438.

I

Il faut compter avec la possibilité que le Gouvernement royal italien, en cas de complications guerrières entre nous et la Serbie, cherche à interpréter l'article VII du Traité de la Triple-Alliance (**) dans un sens qui lui

---

(*) Voir n° 29.
(**) Article VII du Traité de la Triple Alliance :
L'Autriche-Hongrie et l'Italie, n'ayant en vue que le maintien autant que possible du *statu quo* territorial en Orient, s'engagent à user de Leur influence pour prévenir toute modification territoriale qui porterait dommage à l'une ou à l'autre des Puissances signataires du présent Traité. Elles se communique-

soit favorable, et soulève la question des compensations.

En annexe Votre Excellence recevra une note secrète dont le contenu vous servira de ligne directrice pour pouvoir répondre, le cas échéant, à une interprétation italienne de l'article précité, soulevée au cours d'une conversation par le marquis San Giuliano.

2

En annexe Votre Excellence recevra copie d'une note secrète qui est adressée à Monsieur de Mérey. Cette note servira à Monsieur l'ambassadeur de ligne directrice pour son langage, au cas où le marquis San Giuliano saisirait l'occasion d'un conflit armé entre nous et la Serbie pour interpréter l'article VII dans un sens favorable à l'Italie, et soulever la question des compensations.

Comme il faut compter avec la possibilité que le Gouvernement italien s'adresse au Cabinet de Berlin pour lui demander de soutenir son interprétation de l'article VII, et que Votre Excellence soit saisie de cette question par Monsieur le Secrétaire d'Etat, j'attache du prix à ce que vous soyez en mesure de défendre notre point de vue avec l'énergie nécessaire.

---

ront, à cet effet, tous les renseignements de nature à s'éclairer mutuellement sur Leurs propres dispositions ainsi que sur celles d'autres Puissances. Toutefois, dans le cas où, par suite des événements le maintien du *statu quo dans les régions des Balcans* ou des côtes et îles ottomanes dans l'Adriatique et dans la mer Egée deviendrait impossible et que, soit en conséquence de l'action d'une Puissance tiercé soit autrement l'Autriche-Hongrie ou l'Italie se verraient dans la nécessité de la modifier par une occupation temporaire ou permanente de Leur part, cette occupation n'aura lieu qu'après un accord préalable entre les deux Puissances, basé sur le principe d'une compensation réciproque pour tout avantage, territorial ou autre, que chacune d'Elles obtiendrait en sus du *statu quo* actuel et donnant satisfaction aux intérêts et aux prétentions bien fondés des deux Parties.

Votre Excellence est donc autorisée à faire usage du contenu de cette note, mais seulement dans le cas où Monsieur le Secrétaire d'Etat aborderait la question avec vous, et alors seulement *oralement*. Au surplus, la note ci-annexée est destinée exclusivement à la connaissance personnelle de Votre Excellence.

Note

Par une déclaration de guerre à la Serbie devenue éventuellement nécessaire, l'Autriche-Hongrie ne poursuit aucunement l'intention de faire des conquêtes territoriales. La Monarchie, bien au contraire, envisage uniquement la réalisation du but exposé dans sa note au Gouvernement de Belgrade, soit de ne pas être troublée dans son développement normal et pacifique par une propagande hostile à l'Etat fomentée dans le Royaume voisin.

Si la Monarchie dans une guerre avec la Serbie ne se propose pas d'acquisitions territoriales, la nature de la guerre entraîne toutefois le transfert de la base d'opérations sur le territoire serbe, et il faut compter avec le fait que, même si la Serbie, soit au cours de la mobilisation, soit peu après le commencement des opérations se décidait à céder, une occupation provisoire du territoire serbe devrait être maintenue aussi longtemps que les garanties exigées n'auraient pas été fournies, et que les dépenses de mobilisation, soit indemnité de guerre, imposées à la Monarchie par le refus primitif de la Serbie n'auraient pas été payées.

Ce serait méconnaître radicalement l'esprit du Traité de la Triple-Alliance que d'interpréter l'article VII comme faisant dépendre l'occupation temporaire de territoires d'un Etat balkanique voisin se trouvant en état de guerre avec la Monarchie d'une entente préalable intervenue avec l'Italie sur la base d'une compensation.

En ce qui concerne le texte du traité, le fait que

l'article VII, en parlant de la nécessité éventuelle pour l'Autriche-Hongrie ou l'Italie de modifier le *statu quo*, a employé l'expression *dans les régions des Balcans* pourrait en tout cas donner lieu à une interprétation dans le sens que les stipulations de l'article précité auraient, faute d'une distinction expresse entre les territoires appartenant à la Turquie et les territoires des Etats balkaniques, à recevoir leur application de la même manière dans les *deux* cas.

Le texte même de notre accord permet de voir combien peu une pareille interprétation de l'article VII est fondée.

Si dans l'article VII après les mots : « dans les régions des Balcans », il est dit ensuite : « des côtes et des îles ottomanes dans l'Adriatique et dans la Mer Egée », l'exclusion des côtes et îles appartenant à un autre Etat, des stipulations de l'article VII, résultant implicitement de la mention expresse ottomanes, ne peut être considérée que comme une preuve que les mots « dans les régions des Balcans », n'ont trait qu'aux possesions *turques*, parce qu'autrement il se produirait un régime différentiel, qu'on ne s'est certainement pas proposé, d'après lequel par exemple les côtes et les Iles du Monténégro ou de la Grèce ne rentreraient pas dans les prévisions de l'article VII, alors que certaines parties de leur territoire dans l'intérieur tomberaient sous le coup de ses stipulations.

L'exactitude de l'opinion d'après laquelle les stipulations de l'article VII ne s'appliquent qu'aux territoires placés sous la souveraineté ottomane est aussi confirmée par le passage contenu dans le même article relatif à une compensation en tout cas. Il est clair qu'en cas d'occupation d'une partie quelconque du territoire turc par l'une des Puissances contractantes, l'autre reste libre de participer à la guerre, et peut par suite occuper d'une manière temporaire ou permanente un objet de compensation déterminé à l'avance. Appliquer ce principe à une guerre entre la Monarchie et un Etat balkanique sans littoral, semble impossible tant qu'un autre Etat balkanique ayant des côtes ne s'allie pas à l'adversaire de la Monarchie, et permet ainsi à l'Italie l'occupation à titre de compensation d'un territoire sur le littoral.

Le texte de l' « Arrangement spécial concernant le Sandjak de Novi-Bazar », de l'année 1909 établit aussi clairement ce qu'il faut entendre dans l'article VII du Traité de la Triple-Alliance par « les régions des Balcans ». Dans cet Arrangement, qui a expressément pour objet de préciser et de compléter l'article précité du Traité de la Triple-Alliance, il est dit notamment que les stipulations de l'article VII s'appliqueront aussi bien au Sandjak de Novi-Bazar qu'aux autres parties de la Turquie. Si dans la phrase suivante commençant par « Si donc » on parle de nouveau immédiatement du « maintien du *statu quo* dans les Balcans, » cela ne comporte que l'interprétation que dans les mots les Balcans, dans ce passage comme dans le traité même, il n'est question que des territoires se trouvant en possession de la Turquie.

Mais pour parler aussi de l'esprit du traité, les mots contenus dans le préambule du traité « bienfaits que leur garantit au point de vue politique, aussi bien qu'au point de vue monarchique, le maintien de la Triple-Alliance » , suffisent à démontrer que la Monarchie ne doit pas attendre de l'Italie une interprétation du traité gênant son action contre la Serbie, vu qu'il s'agit au premier chef d'obtenir des garanties contre la continuation d'une propagande hostile à l'Etat et ne reculant pas devant l'assassinat.

D'autre part il ne faut pas perdre de vue que d'après l'esprit de l'article VII le but exposé comme désirable était le maintien du *statu quo* d'alors, en vue de prévenir toute modification territoriale qui porterait préjudice à l'Autriche-Hongrie ou à l'Italie. Depuis une telle modification est intervenue, et dans un sens absolument défavorable aux intérêts de la Monarchie. L'agrandissement de la Serbie aux dépens de la Turquie a encouragé dans le Royaume la folie panserbe d'une telle manière que la Monarchie se voit menacée dans le paisible développement de ses possessions, et pour la défense d'un intérêt vital peut se voir obligée, le cas échéant, de recourir aux armes. S'il est hors de doute qu'une intervention de la Monarchie en vue de modifier le *statu quo* dans les possessions actuelles de la Turquie ou dans des territoires qui étaient turcs à l'époque du traité, exige une entente préalable avec l'Italie, il est clair d'autre part que la Monarchie doit avoir toute liberté d'action pour défendre ses intérêts propres contre une modification du *statu quo* intervenue sans sa participation.

On ne saurait en aucun cas, refuser à la Monarchie, le droit d'occuper temporairement des territoires de la Serbie voisine pour assurer la tranquillité sur son propre territoire, et il ne saurait être question d'une action en vue de la modification du *statu quo* prévu au Traité.

Il serait aussi incompréhensible que l'Italie en se basant sur les derniers mots de l'article VII « donnant satisfaction aux intérêts et aux prétentions bien fondées des deux Parties » gênât en quoi que ce soit l'Autriche-Hongrie dans son action contre la Serbie, et parlât d'une lésion de ses intérêts dans le cas d'une occupation temporaire du territoire serbe. Nous ne connaissons que les intérêts des adversaires de la Triple-Alliance, qui s'efforcent de tenir la Monarchie en haleine par la propagande des Slaves du Sud, et considéreront tout affaiblissement de la Serbie comme un échec personnel.

33

Le comte Berchtold à M. de Mérey, à Rome

Télégramme n° 842.   Vienne, le 20 juillet 1914.
Strictement secret.
A déchiffrer par le conseiller d'ambassade.

J'ai reçu le télégramme de Votre Excellence n°
523 (*).

D'une source secrète et sûre nous savons que du côté
allemand, probablement par votre collègue d'Allemagne, notre intention de procéder contre la Serbie a des
démarches très énergiques concertées avec l'Allemagne,
a été portée à la connaissance du marquis San Giuliano.
Celui-ci a immédiatement fait adresser aux représentants italiens à Pétersbourg et à Bucarest des instructions les invitant à pousser les Gouvernements russe et
roumain à soulever des obstacles, à prendre une attitude
menaçante à Berlin et à Vienne, pour empêcher notre
action.

Naturellement des tentatives éventuelles d'intimi-
dation resteront sur nous sans effet.

M. de Tschirschky m'a parlé aujourd'hui des graves
préoccupations que lui inspiraient des nouvelles de l'entourage de San Giuliano qui, par suite de rapports
pessimistes du duc d'Avarna, serait très inquiet, et ne
pourrait pas soutenir contre l'opinion publique sa politique amicale à notre égard.

Ce qui précède est destiné exclusivement à l'information personnelle de Votre Excellence.

(*) Voir n° 24.

34

Le comte Berchtold à M. de Mérey, à Rome

Télégramme n° 843.   Vienne, le 20 juillet 1914
Strictement confidentiel.

Dans votre entrevue avec le marquis de San Giuliano, qui d'après votre télégramme n° 523 (*) aura lieu probablement demain, Votre Excellence pourra tenir à peu près le langage suivant :

Aucune information précise ne serait parvenue à Votre Excellence sur la clôture de l'enquête à Sarajevo et sur notre démarche projetée à cette occasion à Belgrade. Toutefois, j'aurais fait connaître à Votre Excellence que les documents déjà en notre possession et les menées serbes continuées depuis de nombreuses années nous forçaient à tenir un langage sévère à Belgrade. Votre Excellence aurait été autorisée à en faire part personnellement au marquis de San Giuliano, et à ajouter que, dans nos démarches à Belgrade, nous considérions une solution pacifique comme absolument dans le domaine des choses possibles. En tout cas nous étions convaincus que dans le règlement de nos rapports avec la Serbie, nous pouvions compter sur la fidélité à l'alliance et la loyale attitude de l'Italie. Le marquis de San Giuliano, dans une exacte appréciation de la situation internationale vous avait souvent déclaré, ainsi qu'il me l'ayait fait à Abbazia, que l'Italie avait besoin d'une Autriche-Hongrie forte. L'épuration de nos rapports si fâcheux avec la Serbie paraissait une nécessité absolue pour le maintien de la situation actuelle de la Monarchie et de la force défensive de la Triple-Alliance sur la solidité de laquelle reposaient la paix et l'équilibre de l'Eu-

______

(*) Voir n° 24.

rope. Au moment actuel il était aussi de l'intérêt de l'Italie de prendre ouvertement notre parti. Il était donc très important que le Ministre prît à temps les mesures nécessaires pour que l'opinion publique italienne fût inspirée dans un sens favorable à l'alliance et s'y maintînt jusqu'à ce que notre démarche en Serbie, dont nous ferions part au Gouvernement italien, fût intervenue.

Au cours de la discussion qui pourrait éventuellement s'engager, Votre Excellence pourra provisoirement, sans se référer à ses instructions, émettre l'opinion personnelle que, même si les moyens pacifiques échouaient, le Cabinet de Vienne ne songerait pas à une guerre de conquêtes et à une annexion du territoire serbe. A cette occasion Votre Excellence pourrait aussi démentir catégoriquement l'invention tendancieuse du *Temps*, d'après laquelle nous aurions projeté une attaque contre le Lovcen. Au contraire, nous serions très obligés au Gouvernement italien de vouloir bien user de son influence à Cettigné pour déterminer le Monténégro, dont l'attitude est d'ailleurs essentiellement différente de celle du Gouvernement de Belgrade, et qui a fait lui-même de fâcheuses expériences avec les bombes exportées de Serbie, à observer une attitude de calme absolu à l'occasion de notre conversation avec Belgrade.

35

**Entretien du comte Berchtold
avec l'Ambassadeur d'Allemagne**

Rapport journalier, n° 3425.   Vienne, le 20 juillet 1914.

L'ambassadeur d'Allemagne s'est présenté chez moi le 20 juillet, et m'a fait connaître, conformément à ses instructions, qu'à Berlin on était très préoccupé de l'attitude de l'Italie à l'égard de notre action projetée en Serbie.

L'ambassadeur de Flotow aurait mandé le 15 courant que dans l'entourage du Ministre de San Giuliano on était inquiet par suite de rapports pessimistes du duc d'Avarna. San Giuliano évitait en conséquence une conversation approfondie avec Flotow; Luzzati et d'autres personnages de l'entourage du Ministre donnaient à entendre que l'Autriche-Hongrie, en poussant trop loin ses exigences, se mettrait dans son tort et ne pourrait compter sur l'appui de l'Italie.

Le 16 courant, Flotow aurait annoncé que le Ministre de San Giuliano avait reçu de Fusinato une consultation de droit des gens, d'après laquelle des réclamations contre un Etat étranger n'étaient licites que pour des crimes de droit commun, mais non pour une propagande politique. L'assassinat de l'héritier présomptif du trône n'avait pas été commis par des sujets serbes; il ne pouvait donc faire l'objet d'une réclamation.

Le Ministre des Affaires Etrangères d'Italie aurait également déclaré qu'il était impossible pour l'Italie de participer à une politique de compression de l'idée de nationalité. Entre Vienne et Rome, depuis les ordonnances du prince Hohenlohe à Trieste, qui avaient provoqué dans toute l'Italie l'impression la plus pénible, il avait surgi à diverses reprises des différends, sous l'influence desquels il s'était créé un courant d'opinion contre la Monarchie, qu'il serait tâche vaine de combattre. Il voyait tant de points noirs à l'horizon de nos relations respectives qu'il doutait presque du succès de ses efforts en vue d'assurer le maintien de l'entente. Aussi doutait-il que l'Italie pût soutenir les réclamations autrichiennes sans se mettre en contradiction avec les principes profondément enracinés dans l'âme du peuple italien.

En raison de cette information, Monsieur de Jagow aboutit à la conclusion qu'une action de l'Autriche-Hongrie, non seulement ne rencontrerait pas de sympathies en Italie, mais pourrait se heurter éventuellement à une résistance directe. Le Ministre d'Etat allemand nous conseille donc avec insistance d'entrer en rapports avec l'Italie; il exprime l'opinion qu'une action de l'Italie contre Valona (dont l'Italie n'a pas l'intention, et qu'elle n'entreprendrait pas volontiers, mais à laquelle elle pourrait se voir obligée *à titre de compensation*) serait propre à occuper l'Italie et à détourner son attention de notre action contre la Serbie.

Dans ma réponse, j'ai fait valoir tout d'abord qu'il était très regrettable que l'Italie, selon toute apparence eût eu déjà vent de notre action projetée contre la Serbie. Ce n'était pas ici, où l'on n'avait fourni aucune indication à l'ambassadeur d'Italie, que le Gouvernement italien pouvait avoir obtenu ses informations.

A l'assurance de Monsieur de Tschirschky que du côté allemand, on n'avait aussi pas fait de communication circonstanciée, je répliquai, en faisant observer que peut-être Flotow pouvait avoir spontanément raconté quelque chose. De pareilles confidences à l'Italie, de quelque source qu'elles pussent être émanées, me paraissaient très fâcheuses, et j'avais déjà à ma disposition des indices d'après lesquels l'Italie se laisserait aller à contrecarrer notre action. Je ne pouvais donc pas me décider à me prêter dès maintenant à un échange de vues sur notre action avec le Gouvernement italien, question qui avait été d'ailleurs résolue dans le sens de l'abstention au cours d'une conversation entre le Sous-Secrétaire d'Etat Zimmermann et le comte Hoyos. Nous nous proposions d'informer le Cabinet de Rome à ce sujet un jour avant la remise de la note à la Serbie, acte de courtoisie qui me paraissait parfaitement et amplement suffisant à l'égard d'un allié peu sûr.

Au fond je fis valoir qu'une résolution du Conseil des Ministres avait décidé que nous n'annexerions pas de territoire serbe, et que par suite toutes prétentions de compensations italiennes, même si l'on voulait les déduire d'une interprétation arbitraire de l'article VII s'écroulaient *ipso facto*. En ce qui concernait spécialement Valona, il existait ici dans l'opinion publique un si fort courant contre l'admission d'une occupation italienne sur cette rive de l'Adriatique vers la route d'Otrante, que je ne pouvais pas me prêter à une transaction sur ce point.

Si du côté italien on mettait au premier plan le principe des nationalités, il conviendrait de répliquer que nous ne visons pas à autre chose qu'à donner à nos ressortissants serbes des libertés étendues et à ne pas restreindre les libertés qui leur ont déjà été concédées, mais que nous en sommes précisément empêchés par les menées souterraines panserbes contre lesquelles nous devons maintenant réagir.

J'engageai aussi Monsieur de Tschirschky à attirer, viâ Berlin, l'attention du Ministre de San Giuliano sur la contradiction qui existait entre son langage par lequel il assurait toujours que l'Italie avait besoin d'une Autriche-Hongrie forte comme rempart contre le panslavisme, et d'autre part, dans les moments critiques, sa politique de rapprochement avec la Russie, la Puissance prépondérante du monde slave, politique tendant à ôter à la Monarchie la possibilité de conserver ses possessions actuelles.

En terminant, j'affirmai que nous ne nous laisserions pas intimider par de pareilles nouvelles venant d'Italie, ni détourner de la voie que nous avions entreprise, d'autant plus que je savais par les rapports de notre ambassadeur au Quirinal qu'actuellement l'Italie par suite de la campagne de Libye n'était aucunement belliqueuse, et qu'elle donnerait vent à son humeur contre nous par des paroles, mais non par des actes.

36

Le comte Berchtold au baron de Giesl, à Belgrade

Télégramme N° 76.   Vienne, le 21 juillet 1914.
Télégramme chiffré. — Secret

D'après les nouvelles des journaux, le Président du Conseil des Ministres Pachitch se serait rendu en tournée électorale dans l'Est de la Serbie, et ne reviendrait à Belgrade qu'à la fin de la semaine.

Si ces nouvelles se confirment, il me paraît nécessaire que Votre Excellence prévienne jeudi matin le plus haut fonctionnaire du Ministère des Affaires Etrangères de Serbie par une lettre que porterait un rédacteur de la légation i. et r. qu'Elle est chargée de faire jeudi dans l'après-midi au Gouvernement royal une communication importante; vous vous présenteriez à cet effet au Ministère des Affaires Etrangères entre 4 et 5 heures de l'après-midi. Votre communication rendra probablement nécessaire le prompt retour de M. Pachitch; le directeur du Ministère des Affaires Etrangères aurait, au cas où il le jugerait nécessaire, à se mettre immédiatement en communication à ce sujet avec le Président du Conseil.

Pour éviter tout malentendu, je fais remarquer expressément que cette lettre ne doit être considérée que comme un acte de courtoisie de votre part, pour permettre le retour plus prompt et l'information plus rapide du Président du Conseil des Ministres, mais que la remise de la note par vous devra avoir lieu *en tout cas* le jeudi l'après-midi entre 4 et 5 heures, en cas de l'absence de Monsieur Pachitch à son représentant ou au fonctionnaire présent du Ministère des Affaires Etrangères du rang le plus élevé.

Je prie Votre Excellence de vouloir bien annoncer ici d'extrême urgence la remise de la note par un télégramme exprès chiffré préparé à l'avance en double, et à expédier tant de Belgrade que de Semlin, où un fonctionnaire doit se rendre immédiatement pour la remise du télégramme. A cause de la publication et d'autres mesures à prendre, je désirerais recevoir ici la nouvelle jeudi avant 7 ou 8 heures du soir.

Je prie Votre Excellence de vouloir bien aussi m'adresser immédiatement par télégramme un rapport séparé sur votre conversation éventuelle à l'occasion de la remise.

37

Le baron de Giesl au comte Berchtold (*)

Rapport n° 131/P.　　　　Belgrade, le 21 juillet 1914.
Secret.

Je suis maintenant — depuis le funeste crime du 28 juin — de nouveau depuis quelque temps à mon poste, et je peux me permettre de porter un jugement sur l'opinion qui règne ici.

Avant l'attentat, comme du reste depuis la crise de l'annexion, les rapports de la Monarchie et de la Serbie étaient envenimés de la part de cette dernière par le chauvinisme national, l'hostilité et une propagande efficace des aspirations panserbes dans nos territoires habités par des Serbes, — depuis les deux dernières

---

(*) Cf. la rédaction dans le Livre Rouge austro-hongrois, n° 6.

guerres balkaniques les succès de la Serbie ont exalté ce chauvinisme jusqu'au paroxysme, et ses manifestations offrent parfois un cachet de démence.

Qu'on m'épargne la peine de fournir à ce sujet des preuves et des exemples; — on peut se les procurer à bon compte dans les milieux politiques, comme dans les classes inférieures de la population, dans tous les partis. J'affirme comme un axiome certain que la politique de la Serbie tend à la séparation des provinces slaves du Sud, et en dernier lieu à l'anéantisssement de la Monarchie en tant que grande Puissance, et ne vise que ce but.

Quiconque aura été appelé à vivre et à agir, ne fût-ce que huit jours dans les milieux politiques d'ici, ne pourra méconnaître cette vérité.

Les derniers événements qui influencent l'opinion politique d'ici, et parmi lesquels je compte l'attentat de Sarajevo, la mort d'Hartwig et la campagne électorale — si différentes que puissent être leurs causes et leurs fins — concourent au même résultat, celui d'accroître la profondeur de la haine contre la Monarchie, et d'accentuer la mésestime à son égard jusqu'au mépris.

L'attentat de Sarajevo a amené la Serbie à escompter dans le plus bref délai la ruine des Etats habsbourgeois — sur laquelle elle fondait autrefois ses espérances — à se faire l'illusion que la séparation des provinces slaves du Sud, la révolution en Bosnie et l'esprit peu sûr des régiments slaves étaient des faits établis, et a apporté du système et une justification apparente à sa folie nationaliste.

L'Autriche-Hongrie si abhorrée paraît désormais aux Serbes impuissante, et à peine digne d'une guerre — à la haine s'associe le mépris —; elle tombera sans peine comme un corps broyé dans le sein d'un Royaume panserbe à réaliser dans un avenir rapproché.

L. R. I.　　　　　　　　　　　　　　　　　8

Des feuilles, qui n'appartiennent pas aux plus extrêmes, commentent dans des articles quotidiens l'impuissance et la décadence de la Monarchie voisine, et couvrent de boue, à commencer par l'auguste personne du Souverain, toutes ses institutions, et toutes les manifestations de sa vie politique, sans crainte et sans peur de répression. L'organe du Gouvernement lui-même signale la situation en Autriche-Hongrie comme l'unique cause de ce crime maudit. Notre prestige est profondément déchu. La crainte des responsabilités n'existe plus. Le peuple serbe depuis des décades reçoit son éducation de la presse, et la politique contingente dépend de la presse de parti; un des fruits de cette éducation est la propagande panserbe et son abominable résultat, l'attentat du 28 juin.

M. Pachitch a accordé à un correspondant du *Leipziger Neueste Nachrichten* une interview dont certains passages dans la bouche d'un Président du Conseil des Ministres ne peuvent être qualifiés que d'impudences. L'interview a été démentie en partie, mais en attendant a produit son effet, et d'après la phraséologie, qui répond exactement à la mentalité et à la façon de s'exprimer de Pachitch, je ne doute aucunement que l'interview n'ait fidèlement reproduit son langage.

Si M. Pachitch ne s'est servi de ces déclarations que comme d'une manœuvre électorale pour se laver de tout soupçon de concessions possibles à l'Autriche, cela ne change rien au fait, et démontre au contraire que tous les partis sont également et unanimement animés de haine envers la Monarchie et convaincus de son impuissance.

Je passe sous silence les accusations et les suspicions confinant à la démence qu'a provoquées la mort de Hartwig, et que le *Times* a qualifiées de frénétiques, ainsi d'ailleurs que la campagne de presse suant le mensonge et la grossièreté qui devait confirmer les Serbes dans la conviction que le Gouvernement et le représentant de l'Autriche-Hongrie pouvaient être impunément qualifiés d'assassins, de gueux, d'infâmes Autrichiens, termes qui doivent passer pour nous pour des épithètes flatteuses.

Cette grossièreté, ainsi que le prouve la lettre falsifiée de la comtesse Lonyay dans le *Zvono*, n'a pas même épargné les membres de l'auguste Maison Impériale.

La mort d'Hartwig, vu le sentiment de la gravité de cette perte, a déchaîné dans le monde politique serbe un culte fanatique pour la mémoire du défunt, et on s'est laissé guider dans ce sens, non seulement par la reconnaissance pour le passé, mais encore par le souci de l'avenir, et l'on s'est surpassé en soumission servile à l'égard de la Russie pour s'assurer sa bienveillance dans les temps futurs.

Comme troisième facteur intervient la campagne électorale qui unit tous les partis sur le programme de l'hostilité à l'Autriche-Hongrie. Aucun des partis qui aspirent au pouvoir ne veut encourir le soupçon d'être considéré comme capable d'une attitude faible vis-à-vis de la Monarchie. Aussi la campagne électorale est menée avec le mot d'ordre, la lutte contre l'Autriche.

La faiblesse militaire actuelle de la Serbie, due à la situation peu sûre de la Nouvelle Serbie et aux sacrifices qu'elle réclame, si elle n'est pas perdue de vue par les hommes politiques judicieux, est considérée comme une *quantité négligeable* (1); parce qu'on tient la Monarchie pour des motifs tant d'ordre intérieur que d'ordre extérieur pour impuissante et incapable de toute action énergique. On regarde les paroles sérieuses qui ont déjà été prononcées chez nous par les départements compétents comme un bluff. C'est ce qui résulte du fait qu'on

_____

(1) En français dans le texte. (Note du traducteur.)

ne prend pas de mesures, ou tout au moins pas de mesures dignes d'être signalées pour la préparation de l'armée, que les réservistes sont renvoyés par petites troupes et sans armes de la Nouvelle Serbie en Vieille Serbie, et que pour la mobilisation du second contingent, on n'a pris encore aucune décision. Toutes les nouvelles contraires n'ont pas reçu jusqu'ici de confirmation.

La mise en congé du Ministre de la Guerre I. et R. et du chef de l'Etat-Major général confirme la conviction que la faiblesse de l'Autriche-Hongrie est maintenant évidente.

La préoccupation de la remise par la Monarchie de demandes sévères, qui régnait après l'attentat, commence, vu le retard de la clôture de l'enquête et le défaut de la démarche redoutée, à se dissiper de jour en jour, et disparaîtra bientôt comme un cauchemar à l'heure heureuse du réveil.

Je me suis permis d'abuser quelque peu de la patience de Votre Excellence — non pas que je crusse par l'exposé qui précède, lui apprendre quelque chose de nouveau, mais parce que je considère ce tableau comme le point de départ de la conclusion qui s'impose — l'impossibilité d'éviter à la longue un règlement de comptes avec la Serbie, une guerre pour le maintien de la situation de grande Puissance de la Monarchie, pour son existence même.

Cette guerre doit-elle être déclarée maintenant ou pouvons-nous et devons-nous attendre jusqu'à ce que la Serbie se soit remise des deux guerres, et que la Russie ait prêts sur pied de guerre, non pas dix corps d'armée comme maintenant, mais vingt corps d'armée — et nous impose ainsi la lutte dans des conditions bien plus défavorables? C'est une question que je ne suis pas appelé à trancher, et sur laquelle je ne peux me permettre d'exprimer une opinion.

A un agent éloigné des administrations centrales où aboutissent tous les fils, il semblera toutefois que l'instant est opportun, et que la situation politique intérieure comme extérieure fournit des bases et des occasions favorables, probablement les dernières de notre époque.

L'attentat de Sarajevo a rejeté au second plan les divergences des aspirations des peuples et des pays de la Monarchie, et les a unis en vue de la défense contre un danger commun; il nous a créé aussi une bonne situation morale qui est reconnue dans toute l'Europe.

Si nous laissons passer cette occasion, nous serons responsables des difficultés et des désavantages de la situation lors de la lutte future qui s'engagera tôt ou tard.

Pour l'observateur local et le représentant des intérêts austro-hongrois en Serbie — abstraction faite de l'appréciation de la situation politique générale, qui n'est pas et ne peut être son affaire — la question se pose de telle sorte, que nous ne pouvons plus supporter une nouvelle atteinte à notre prestige. Si, pour quelques motifs que ce soit, nous n'avons plus la force, l'occasion, la volonté de procéder par une action de grande envergure à un « nettoyage général », nous ne devons plus hésiter longtemps à témoigner à la Serbie notre longanimité, notre amour de la paix, notre générosité, et nous pouvons, à cet effet, invoquer le droit du plus fort. Dans ce cas, il faudrait nous contenter du succès obtenu, succès apparent seulement. Mais on n'aboutirait pas à une amélioration permanente de la situation, et on se bornerait à sauvegarder les apparences.

Une évolution pacifique à un moment plus éloigné, non seulement serait interprétée comme un symptôme de faiblesse, mais serait envisagée comme sa preuve évidente; ces hésitations de notre politique nous aliéneraient nos alliés et accroîtraient chez nos adversaires la mésestime de notre force.

Si par contre on est décidé à formuler des exigences étendues combinées avec un contrôle efficace — indispensable pour nettoyer les écuries d'Augias des menées souterraines panserbes — il faut prévoir toutes les conséquences possibles, et être dès le commencement fortement et fermement résolu à tenir bon.

Le principe de la non-ingérence ou de l'intervention seulement après une entente établie entre toutes les grandes Puissances a été la cause des guerres balkaniques. Seule une intervention autonome de la Puissance qui en l'espèce est seule menacée, avec la devise : « Qui n'est pas avec moi est contre moi » peut, à mon humble avis, abattre l'ennemi qui s'est dressé menaçant devant nous, et assurer le repos de l'Empire après de longues années de crise.

Des demi-moyens, des conditions posées, de longs pourparlers, et finalement un compromis bâtard, seraient le coup le plus rude qui pourrait atteindre le prestige de l'Autriche-Hongrie en Serbie et sa situation de grande Puissance en Europe.

Le ministre i. et r.

Signé : GIESL.

38

**Visite de l'Ambassadeur d'Allemagne
au Ministère I. et R. des Affaires Étrangères**

Rapport journalier n° 3444   Vienne, le 21 juillet 1914.

L'ambassadeur impérial d'Allemagne a aujourd'hui, conformément à ses instructions, fait part ici du contenu d'une dépêche de Monsieur de Jagow, d'après laquelle le chargé d'affaires royal serbe, en exécution des instructions d'une circulaire probablement adressée à tous les représentants serbes, aurait déclaré à Monsieur le Secrétaire d'Etat que la Serbie se proposait d'entretenir les relations les plus correctes avec la Monarchie voisine, et qu'elle était prête à satisfaire à toutes les demandes formulées par l'Autriche-Hongrie après une enquête approfondie sur l'attentat de Sarajevo, pourvu qu'elles fussent compatibles avec l'honneur et la souveraineté du Royaume.

Le chargé d'affaires royal serbe aurait prié en même temps le Gouvernement impérial allemand d'agir sur le Cabinet de Vienne dans le sens de la conciliation.

M. de Tschirschky ajouta que Monsieur de Jagow aurait répondu au représentant de la Serbie que, de l'avis du Gouvernement allemand, la Serbie dans ces dernières années avait tellement manqué de correction dans ses rapports de voisinage avec l'Autriche-Hongrie qu'il ne faudrait pas s'étonner que le Cabinet de Vienne en faisant connaître ses exigences tînt un langage très énergique.

39

Le comte Szogyény au comte Berchtold

Télégramme n° 271.   Berlin, le 21 juillet 1914.
Chiffré. — Très secret.

D'après la dépêche n° 3426 d'hier (*), la dépêche officielle qui y est annexée ne devrait être portée à la connaissance du Gouvernement allemand que le 24 courant dans la matinée.

A mon humble avis, je considère comme *absolument* nécessaire de porter *immédiatement*, à titre provisoire-

---

(*) Voir n° 30.

ment strictement confidentiel, le contenu de cette dépêche à la connaissance du Gouvernement allemand, avant qu'il soit communiqué aux autres Cabinets. Je suis confirmé dans cette opinion par une observation échappée au cours de mon entretien d'aujourd'hui au Secrétaire d'Etat qui m'a demandé si j'avais déjà reçu une communication de Vienne sur le contenu de la note destinée à Belgrade. Il avait appris par M. de Tschirschky que la note serait remise dès le 23 courant, et il croyait devait s'attendre à ce que le Gouvernement allemand comme allié fût informé plus tôt que les autres Cabinets du contenu et des modalités de notre démarche à Belgrade.

En même temps, Monsieur de Jagow fit observer que, d'après des nouvelles très sûres, le Président de la République Française ne quitterait Cronstadt que jeudi à 10 heures.

40

Le comte Szogyény au comte Berchtold

Télégramme n° 273.   Berlin, le 21 juillet 1914.
Chiffré. — Très secret.

Le Secrétaire d'Etat m'a lu aujourd'hui un télégramme de l'ambassadeur d'Allemagne à Rome ainsi conçu :

Le marquis de San Giuliano lui aurait dit qu'il ne croyait pas que les Epirotes attaquassent Valona; si toutefois c'était le cas, il (le marquis de San Giuliano) travaillerait à une action commune de l'Italie et de l'Autriche-Hongrie contre les Epirotes; il tâcherait d'ailleurs toujours d'agir de concert avec l'Autriche-Hongrie, mais son intention pourrait toutefois être contrariée par la question serbe.

41

Lettre du comte Szogyény au comte Berchtold

Berlin, le 21 juillet 1914.

Monsieur le Comte,

Par mon télégramme d'aujourd'hui n° 271 (*) j'ai eu l'honneur d'informer Votre Excellence qu'à mon avis il était absolument nécessaire de communiquer la note que nous devons remettre le 23 de ce mois à la Serbie au Cabinet de Berlin *avant* sa communication aux autres Cabinets, et le plus tôt possible.

Comme, à commencer par l'Empereur Guillaume tous les milieux dirigeants d'ici nous ont dès le *premier* moment et sans réserves assuré de la manière la plus loyale de leur appui dans notre action contre la Serbie, je crois que nous devons éviter ici un froissement qui pourrait se produire, si, en portant notre note à la Serbie simultanément à la connaissance de *tous les Cabinets*, nous mettions celui de l'Allemagne notre alliée sur la même ligne que les Gouvernements des autres grandes Puissances.

Aussi je compte avec confiance sur l'autorisation de Votre Excellence de communiquer immédiatement au Gouvernement allemand le document en question (Annexe à la dépêche n° 3426. — Secret. — du 20 courant (**).

Comme il l'a déjà fait à diverses reprises, le Secrétaire d'Etat en vint aujourd'hui à parler de l'attitude de l'Italie dans l'éventualité d'un conflit armé de l'Autriche-Hongrie et de la Serbie.

Il exprima, comme connaissant les Italiens de lon-

____

(*) Voir n° 39.
(**) Voir n° 30.

gue date, la crainte que l'Italie dans notre conflit avec la Serbie pût prendre une attitude peu sûre (Voir mon télégramme n° 273, strictement secret, d'aujour- d'hui (*).

Monsieur de Jagow déclara, *sans* vouloir nous donner un conseil direct, que pour s'assurer le concours de l'Italie, il serait indiqué pour le cas de complications guerrières avec la Serbie d'entrer dans un échange de vues confidentiel avec l'Italie sur nos intentions.

Si, ce qu'il (M. de Jagow) ne considérait d'ailleurs pas comme particulièrement désirable, nous déclarions d'avance que nous n'envisagions qu'une occupation *provisoire* de parties du territoire serbe, cela pourrait rassurer l'Italie; dans le cas opposé elle formulerait certainement des demandes de compensation sur lesquelles il faudrait alors évidemment s'entendre dès le début.

Comme Monsieur de Jagow, au cours de cette conversation tenue académiquement, a fait expressément ressortir qu'il n'avait pas été pressenti à cet égard du côté italien, et qu'il n'en est absolument pas venu à parler de l'interprétation de l'article VII du Traité de la Triple-Alliance, je me suis, conformément à mes instructions, abstenu de faire usage de la dépêche secrète de Votre Excellence n° 3438 du 20 courant (**).

En terminant, je crois devoir faire encore ressortir que Monsieur le Secrétaire d'Etat m'a donné clairement à entendre qu'il allait de soi que l'Allemagne se tiendrait derrière nous sans réserves et de toutes ses forces, mais que, précisément pour cette raison, il était pour le Gouvernement allemand, d'un intérêt vital d'être informé à temps des buts que nous poursuivions, et en particulier de savoir si nous nous proposions une occupation provisoire du territoire, ou si, comme le comte

---

(*) Cf. n° 32.
(**) Voir n° 40.

Hoyos l'avait laissé entrevoir dans son dernier entre-tien avec le Chancelier de l'Empire, nous projetions comme *ultima ratio,* un partage de la Serbie.

Je prie Votre Excellence d'agréer l'expression de mon respect.

Signé : Szogyény.

42

Le comte Berchtold à M. de Mérey, à Rome

Télégramme n° 348.   Vienne, le 21 juillet 1914.

Télégramme chiffré. — Secret.

Suite à ma dépêche n° 3437 du 20 courant arrivant par courrier (*).

Au cas où Votre Excellence sur l'initiative du marquis de San Giuliano se verrait forcée de faire usage pour la défense de notre interprétation de l'article VII des arguments exposés dans la note, et où le Ministre persisterait dans son point de vue, je crois désirable d'éviter une prolongation de la discussion à ce sujet, et vous pourriez motiver cette attitude en disant à votre interlocuteur qu'aucune des parties ne réussirait à convertir l'autre à son interprétation. Il semblerait donc à Votre Excellence conforme aux intérêts réciproques, au lieu d'engager une controverse juridique sur l'interprétation d'un article, de discuter la situation au point de vue des grands intérêts de l'Autriche-Hongrie et de l'Italie comme amies et alliées.

Pour l'information de Votre Excellence j'ajoute qu'il ne me paraîtrait pas sans inconvénients qu'une discussion sur l'article VII provoquât de l'irritation, et pût peut-être même mettre en question le maintien du traité même.

(*) Voir n° 32.

43

M. de Mérey au comte Berchtold

Télégramme N° 525.   Rome, le 21 juillet 1914.
Chiffré. — Secret.

Je me réfère au télégramme de Votre Excellence n° 843 du 20 courant (*).

L'entretien avec le marquis de San Giuliano a eu lieu cet après-midi.

Le Ministre s'est montré très préoccupé de notre démarche imminente à Belgrade. Je lui ai fait un long exposé dans le sens de la première partie du télégramme précité. Le marquis de San Giuliano écouta attentivement et prit des notes. Là-dessus s'engagea une discussion approfondie au cours de laquelle je fis usage de l'alinéa final du télégramme précité.

En ce qui concerne l'épuration de nos rapports avec la Serbie, le Ministre exposa longuement qu'elle ne pourrait réussir par l'humiliation et la violence, mais que seule la conciliation pourrait amener la guérison. Pour un État de nationalités mélangées comme la Monarchie c'était la seule politique à suivre, et elle nous avait réussi pour les Allemands et les Polonais. Je déclarai que ce raisonnement, déjà souvent débattu entre nous, était purement théorique, et en outre faux. La réalité apparaissait autre. Je rappelai tout ce que nous avions fait pour la Serbie depuis le traité de Berlin, notre esprit conciliant au cours de la guerre balkanique et la violence de plus en plus grande de l'offensive panserbe.

L'Italie, continua le Ministre, désirait une Autriche-Hongrie forte, *mais comme elle était*, sans extension ter-

____

(*) Voir n° 34.

ritoriale. Toute expansion semblable — il devait me le dire en toute franchise — serait considérée par l'Italie, qui poursuivait une politique de conciliation et d'équilibre, comme préjudiciable à ses intérêts. Le Ministre accueillit mes déclarations portant que nous ne visions pas à des annexions territoriales avec satisfaction, et celle relative au Lovcen avec une joie mal dissimulée. Il me demanda s'il pouvait en faire état dans la presse. Je répondis négativement, et j'affirmai même que cette communication confidentielle énonçait l'*intention* sérieuse de s'abstenir de toute annexion territoriale, mais qu'il ne s'agissait pas d'un engagement (Vu la possibilité d'une guerre, et l'éventualité ultérieure que le Monténégro fît peut-être cause commune avec la Serbie, une adhésion plus étendue m'aurait paru très dangereuse).

Le marquis de San Giuliano déclara en terminant qu'il avait la ferme intention de nous soutenir au cas où nos demandes à la Serbie seraient de telle nature que leur exécution parût légitime. Autrement, il aurait contre lui l'opinion de tout son pays qui était libéral, attaché aux souvenirs de son origine révolutionnaire, et qui éprouvait toujours des sympathies pour les manifestations irrédentistes. Il affirma que son attitude serait facilitée si notre démarche à Belgrade se basait — sinon d'une manière exclusive, du moins prépondérante — *sur la catastrophe de Sarajevo*, et peu sur des agitations quelconques.

J'argumentai contre ces restrictions en les déclarant théoriquement erronées (comme plaçant la Serbie au niveau d'un Etat civilisé moderne), et ne témoignant pas pratiquement d'une amitié et d'une solidarité suffisantes.

Au sujet de la presse, le Ministre m'assura sous les réserves précédentes, qu'il userait de son influence;

mais il déclara qu'il ne pourrait intervenir qu'après avoir reçu connaissance du contenu de notre démarche à Belgrade.

Il promit d'adresser aujourd'hui au Monténégro des instructions dans le sens que nous désirions. Il avait déjà donné à Belgrade des conseils de conciliation, et pour augmenter leur poids... (*), il avait ordonné au ministre de retourner à son poste.

En terminant, le Ministre fit observer que sa confiance dans notre modération à l'égard de la Serbie se basait avant tout sur la sagesse de notre Monarque, à quoi je répliquai que nos démarches à Belgrade, quelle que pût être leur teneur, avaient été mûrement pesées et étaient absolument indispensables.

Dans l'ensemble, l'entretien me donna l'impression de beaucoup de phrases amicales, mais d'autant de réserves mentales, ainsi que du fait que manifestement le Ministre ne croit pas provisoirement à la guerre, mais à une évolution de la Serbie, et compte probablement à cet effet sur une pression diplomatique intense des Puissances à Vienne et à Belgrade.

44

Communication de l'Ambassadeur d'Allemagne au Ministère I. et R. des Affaires Étrangères

Rapport journalier n° 3443. Vienne, le 21 juillet 1914.

Dans sa visite d'aujourd'hui l'ambassadeur impérial d'Allemagne a déclaré que son Gouvernement était informé que le marquis de San Giuliano se serait montré très ému de la perspective de la démarche de l'Autriche-Hongrie en Serbie.

(*) Chiffre tronqué.

Toutefois, il — Tschirschky — avait eu récemment un entretien avec le duc d'Avarna qui avait exprimé sa conviction que le Gouvernement italien dans le conflit austro-hongrois-serbe remplirait fidèlement ses obligations d'allié — et que, même si dans le public italien des opinions opposées se faisaient jour, — il se tiendrait aux côtés de l'Autriche-Hongrie.

45

Le comte Szapary au comte Berchtold

Télégramme n° 148.　　　Pétersbourg, le 21 juillet 1914.
Chiffré. — Secret.

Monsieur Poincaré a reçu aujourd'hui le corps diplomatique et les ambassadeurs un à un en présence du Ministre des Affaires Etrangères Viviani et de l'ambassadeur de France Paléologue.

Le Président m'a exprimé en termes chaleureux ses sympathies à l'occasion de l'attentat de Sarajevo, et il aborda ensuite le terrain politique en s'informant de la situation en Albanie, au sujet de laquelle s'engagea une longue conversation. Ensuite il s'enquit des relations entre l'Autriche-Hongrie et la Serbie, fit remarquer qu'on était inquiet en Serbie, et demanda quelles étaient les vues qui régnaient chez nous à cet égard. Je répondis qu'on envisageait chez nous la situation avec calme parce qu'on était convaincu que la Serbie ne se refuserait pas à satisfaire à nos réclamations. Le Président m'interrogea alors sur les demandes qu'on voulait adresser à la Serbie : je me bornai à répondre que l'enquête à ce sujet était encore en cours, et que ses résultats ne m'étaient pas connus.

Monsieur Poincaré fit alors un discours prononcé dans une forme oratoire et avec insistance, dans lequel il exposa qu'il n'était permis de rendre un Gouvernement responsable d'un fait qu'en présence de preuves concrètes témoignant contre lui, à moins qu'il ne s'agît d'un simple prétexte, intention qu'il ne pouvait prêter à l'Autriche-Hongrie à l'égard d'un si petit pays. Dans ce cas, toutefois, il ne fallait pas oublier que la Serbie avait des amis et qu'il pourrait en résulter une situation dangereuse pour la paix. Je me bornai à une réponse calme et objective, et je fis ressortir que tout Gouvernement était responsable jusqu'à un certain point de ce qui se passait sur son territoire. Le Président chercha à réfuter cette thèse en rappelant des cas analogues intervenus entre d'autres États, à quoi je dus répliquer que tout dépendait des circonstances, que ces analogies étaient incomplètes, et qu'il fallait se garder des généralisations. Au cours de la conversation, Monsieur Poincaré fit une allusion discrète au prétendu « cas Prochaska », insinution que je relevai avec la fermeté convenable.

Il termina la conversation en exprimant le désir que l'enquête n'aboutît pas à des résultats pouvant donner lieu à des inquiétudes.

L'intervention du Président, dépourvue de tact, vu sa situation de chef d'État en visite, et résonnant comme une menace, qui contraste d'une manière si frappante avec l'attitude réservée, prudente, de Monsieur Sasonow, confirme l'opinion que l'influence du Président ne sera ici rien moins que modératrice. Ce qui est caractéristique, c'est l'affinité des raisonnements juridiques du Président avec les dissertations de Monsieur Pachitch dans les « *Leipziger Neuesten Nachrichten* ». Monsieur Spalajkovitch que récemment Monsieur Sazonow qualifiait de « déséquilibré », doit avoir trempé dans l'affaire.

Mes collègues de la Triple-Alliance ne m'ont pas dit si Monsieur Poincaré leur avait parlé de la Serbie.

46

Le comte Berchtold
au Ministère I. et R. des Affaires Étrangères

Télégramme sans numéro.   Ischl, le 21 juillet 1914.
Chiffré. — Secret.

Pour le baron Macchio.

Sa Majesté l'Empereur et Roi a approuvé sans modification le texte de la note à la Serbie et aux Puissances. Je prie Votre Excellence d'informer l'ambassadeur d'Allemagne que la note ne lui sera adressée que demain, parce qu'il faut encore effectuer quelques corrections.

47

Le comte Berchtold au comte Szogyény, à Berlin

Télégramme n° 249.   Vienne, le 22 juillet 1914.
Télégramme chiffré. — Secret.

Réponse au télégramme de Votre Excellence n° 271 (*).

La dépêche du 20 juillet n° 3426 (**) ne prescrivait à l'égard de l'Allemagne qu'une simple formalité : la remise *officielle* de notre note devait être effectuée à Berlin dans les mêmes conditions que pour les autres Puissances signataires.

A titre strictement confidentiel nous avons déjà communiqué hier à Monsieur de Tschirschky la note en question (qui ainsi que vous le savez cite textuellement celle adressée à la Serbie); elle a d'ailleurs déjà été envoyée par Monsieur l'ambassadeur à Berlin.

(*) Voir n° 39.
(**) Voir n° 30.
L. R. I.   9

48

Le comte Berchtold au comte Szogyény, à Berlin

Télégramme n° 250.   Vienne, le 22 juillet 1914.
Télégramme chiffré. — Secret.

A la suite de la dépêche (*) par laquelle Monsieur de Mérey a reçu la note secrète transmise à Votre Excellence avec l'instruction du 20 courant n° 3438 (**), je télégraphie à l'ambassadeur à la Cour royale d'Italie ce qui suit :

« Au cas où Votre Excellence, sur l'initiative du marquis de San Giuliano, se verrait forcée de faire usage pour la défense de notre interprétation de l'article VII des arguments exposés dans la note, et où le Ministre persisterait dans son point de vue, je crois désirable d'éviter une prolongation de la discussion à ce sujet, et vous pourriez motiver cette attitude en disant à votre interlocuteur qu'aucune des parties ne réussirait à convertir l'autre à son interprétation. Il semblerait donc à Votre Excellence conforme aux intérêts réciproques, au lieu d'engager une controverse juridique sur l'interprétation d'un article, de discuter la situation au point de vue des grands intérêts de l'Autriche-Hongrie et de l'Italie comme amies et alliées.

« Pour l'information de Votre Excellence, j'ajoute qu'il ne me paraîtrait pas sans inconvénients qu'une discussion sur l'article VII provoquât de l'irritation et pût peut-être même mettre en question, le maintien du traité même. »

Ce qui précède est exclusivement pour l'information personnelle de Votre Excellence, en faisant observer

____

(*) Voir n° 32.
(**) *Ibidem.*

qu'au cas où Monsieur de Jagow entamerait la question
d'interprétation, Votre Excellence devrait lui déclarer
en faisant usage des arguments précités qu'au moment
actuel, il serait préférable de s'abstenir d'une controverse entre l'Italie et nous sur l'interprétation de l'article VII. Lorsque l'Italie avait occupé les îles de la mer
Egée, quoiqu'à notre avis, ce fait nous ouvrît un droit à
compensation, nous avions observé une attitude amicale
d'alliés, et nous n'avions pas entravé l'action de l'Italie.

49

Le comte Berchtold à M. de Mérey, à Rome

Télégramme n° 852.   Vienne, le 22 juillet 1914.
Télégramme chiffré. — Secret.

Suite à mon télégramme du 20 courant n° 843 (*)

Je prie Votre Excellence, comme suite aux commu-
nications que vous avez déjà faites au marquis de San
Giuliano, de l'informer à titre strictement confidentiel
que notre démarche à Belgrade est maintenant fixée au
jeudi 23 courant dans l'après-midi.

La note que le baron de Giesl est chargé de remettre
au Gouvernement serbe contient une série de demandes
ayant pour objet d'endiguer le mouvement qui menace
nos territoires, demandes que nous nous sommes vu forcés de formuler en raison des résultats établis jusqu'ici
par l'enquête de Sarajevo et de la conviction qu'il faut
mettre un terme à l'agitation poursuivie depuis des
années dans nos pays frontières du Sud. Nous avons
imparti au Gouvernement serbe pour l'acceptation de
nos conditions un délai de quarante-huit heures, vu que
nous ne pouvions tolérer les moyens dilatoires serbes

______

(*) Voir n° 34.

habituels. On en informera les Puissances signataires, le vendredi 24 courant, et Votre Excellence sera en mesure de donner à ce jour au Gouvernement italien, connaissance officielle de notre démarche à Belgrade. Votre démarche d'aujourd'hui ne serait effectuée qu'à Rome, Berlin et Bucarest par égard spécial pour les relations d'alliance.

Je prie Votre Excellence de ne faire que *jeudi dans l'après-midi* la communication prévue dans ce télégramme, si possible au marquis de San Giuliano en personne (si c'était impossible, à son représentant). Nous voulons absolument éviter que la nouvelle parvienne le jour même de Rome à Pétersbourg.

50

M. de Mérey au comte Berchtold

Télégramme n° 528.   Rome, le 22 juillet 1914.
Chiffré. — Secret.

Par télégramme du 15 courant n° 820 (*) Votre Excellence m'a autorisé à faire part au marquis de San Giuliano de notre démarche à Belgrade *un jour à l'avance* (et comme le fait de cette démarche est depuis longtemps notoire, il ne pouvait s'agir que de son contenu), et Elle m'a adressé un avis télégraphique sur les dates prévues.

En contradiction avec ces instructions qui n'ont pas été rapportées, j'apprends par la dépêche du 20 courant n° 3427 (**) qui vient de me parvenir par le courrier d'aujourd'hui, que, bien que notre démarche à Belgrade ait lieu le 23 courant, je dois faire la communication en question au Ministre des Affaires Etrangères le 24

(*) Voir n° 22.
(**) Voir n° 30.

courant, soit pas un jour à l'avance, mais *un jour plus tard*.

Vu cette situation, et comme en vertu du télégramme de Votre Excellence n° 843 du 20 courant (*), dans mon entretien habituel d'hier avec le Ministre, j'ai déclaré conformément à mes instructions n'avoir pas encore reçu d'informations sur notre démarche à Belgrade, la question se pose de savoir si je ne dois pas faire la communication précitée, non pas le 24 courant seulement, mais dès demain.

Je crois devoir supposer que Votre Excellence, — malheureusement sans m'en informer — a changé d'avis et que je dois en conséquence m'en tenir à la dépêche du 20 courant n° 3427.

51

Le comte Szecsen au comte Berchtold

Télégramme n° 114.   Paris, le 22 juillet 1914.
Chiffré. — Secret.

En me référant à la dépêche du 20 courant n° 3428 (**), secret, je crois devoir mentionner au point de vue local d'ici, que la coïncidence de notre démarche à Belgrade et du départ du Président de Pétersbourg qui doit avoir lieu le 23 au soir, provoquera probablement ici de multiples commentaires, et pourrait être interprétée comme une surprise.

Monsieur Poincaré, conformément à son programme quittera Cronstadt le 23 courant à 10 heures du soir, et arrivera à Stockholm le 25 courant à 10 heures du matin. Pendant la traversée, un échange de vues par télégrammes sera assez difficile.

(*) Voir n° 34.
(**) Voir n° 30.

52

Le comte Szecsen au comte Berchtold

Télégramme n° 115.   Paris, le 22 juillet 1914.

Secret

Je me réfère à la dépêche du 20 courant n° 3428 (*).

Je vous prie de me répondre par télégramme, si en remettant copie de la dépêche précitée, je dois demander qu'on la considère comme un document confidentiel ou non.

Certaines des conditions très sévères posées par nous à la Serbie pourraient faire dans la presse française, l'objet de critiques acerbes, et il serait peut-être à désirer que les journaux d'ici ne possédassent pas immédiatement le texte officiel.

Au cas où la publication de la dépêche serait projetée à Vienne, la demande de la considérer comme un document confidentiel serait naturellement sans objet.

Les journaux d'ici publient déjà des informations sur le contenu de la note à remettre.

53

Visite de l'Ambassadeur de France
au Ministère I. et R. des Affaires Étrangères

Rapport journalier n° 3487.   Vienne, le 22 juillet 1914.

L'ambassadeur de France s'est présenté ici aujourd'hui et s'est enquis à cette occasion de l'état actuel de nos rapports avec la Serbie. Il a discuté toutes les éventualités qui pourraient résulter d'une démarche énergique de notre part auprès du Cabinet de Belgrade et a

---

(*) Voir n° 30.

dépeint sous les plus sombres couleurs les dangers d'une guerre de l'Autriche-Hongrie contre la Serbie, en insistant surtout sur le point qu'elle pourrait assumer le caractère d'une guerre de races du peuple serbe contre la Monarchie.

Toutefois Monsieur Dumaine termina son exposé en se référant à un court entretien avec son collègue de Russie où la question aurait été débattue et dont il aurait retiré la conviction que la Russie n'était pas disposée à intervenir fortement en faveur de la Serbie à l'occasion du conflit imminent avec l'Autriche-Hongrie et à lui accorder plus que son appui moral. Au cas d'une passe d'armes entre nous et la Serbie, la Russie, d'après l'avis de Monsieur l'ambassadeur de France, n'interviendrait pas activement, mais s'efforcerait au contraire de localiser la guerre.

54

Le comte Mensdorff au comte Berchtold

Télégramme n° 106.   Londres, le 22 juillet 1914.
Chiffré. — Secret.

J'ai reçu le courrier.

Sir Edward Grey vient de me prier par téléphone d'aller le voir demain à 3 heures.

Il est bien possible qu'il veuille nous dire quelque chose au sujet de notre démarche imminente à Belgrade.

Votre Excellence m'autoriserait-Elle à communiquer éventuellement au Secrétaire d'Etat la dépêche officielle, au lieu de vendredi matin dès demain jeudi dans l'après-midi, en le priant de la considérer comme strictement confidentielle jusqu'à vendredi.

Je demande une réponse télégraphique immédiate.

55

M. Otto au comte Berchtold

Télégramme N° 181.   Cettigné, le 22 juillet 1914.
Chiffré. — Secret.

Démarche à Belgrade. Dépêche n° 3435, secret, du 20 courant (*).

Je prie Votre Excellence de vouloir bien m'autoriser, dans le cas très probable d'une demande de Sa Majesté le Roi, ou du Ministre des Affaires Etrangères, à remettre une copie de l'annexe à la dépêche précitée.

56

M. de Mérey au comte Berchtold

Télégramme n° 531.   Rome, le 23 juillet 1914.
Chiffré. — Secret.

J'ai reçu ce matin le télégramme de Votre Excellence du 22 courant n° 852 (**).

Je dois tout d'abord constater :

1° Qu'à la fin de mon télégramme du 14 courant n° 512 (***) j'ai demandé expressément... (****) à être averti à temps pour pouvoir concerter télégraphiquement ma visite au marquis de San Giuliano, que Votre Excellence y a donné son assentiment par le dernier alinéa de son télégramme du 15 courant n° 820 *****, que néanmoins je n'ai pas été prévenu, et que des instructions ne me sont parvenues qu'aujourd'hui où la démarche est à exécuter;

(*) Voir n° 31.
(**) Voir n° 49.
(***) Voir n° 20.
(****) Un chiffre manque.
(*****) Voir n° 22.

2° Qu'il ne peut plus être question d'un acte de courtoisie envers l'Italie, puisque, contrairement à notre entente, et contrairement aux ouvertures faites à l'ambassadeur d'Allemagne aux termes du rapport journalier du 20 courant (*), la communication relative à notre démarche à Belgrade n'a *pas* été prescrite ici *un jour avant cette démarche*, mais seulement aujourd'hui cet après-midi, c'est-à-dire au moment même où elle s'effectue.

Il est venu s'y ajouter malheureusement que mon état de santé déjà mauvais depuis quelque temps s'est aggravé hier au point que je suis alité.

Je dois en conséquence abandonner le soin de cette démarche au comte Ambrozy, qui, après avoir obtenu par téléphone un rendez-vous du marquis de San Giuliano se rendra aujourd'hui en automobile à Fiuggi, et fera au Ministre la communication prescrite.

57

Le comte Berchtold au comte Szecsen, à Paris

Télégramme n° 152.   Vienne, le 23 juillet 1914.
Télégramme chiffré. — Secret.

Je me réfère aux télégrammes de Votre Excellence n°ˢ 114 et 115 du mois courant (*).

Votre Excellence ne demandera pas qu'on considère comme confidentiel le texte de la note circulaire, vu que nous communiquons le 24 le texte en question aux journaux.

En ce qui concerne la coïncidence de notre démarche à Belgrade et du départ de Poincaré de Pétersbourg, il convient de remarquer que nous avons toujours prévu

---

(*) Voir N° 35.
(**) Voir N° 22.

la démarche pour le moment — qui est survenu dans l'intervalle — de la clôture de l'enquête à Sarajevo.

Il aurait été du reste bien moins aimable de troubler par une démarche prématurée les festivités de Pétersbourg, alors que d'autre part il n'aurait pu aucunement nous convenir de faire notre démarche à Belgrade, alors que l'Empereur Nicolas et les hommes d'Etat russes étaient exposés à subir l'influence des deux excitateurs Poincaré et Iswolsky.

58

Le comte Berchtold au comte Mensdorff, à Londres

Télégramme n° 158.   Vienne, le 23 juillet 1914.
Télégramme chiffré. — Secret.

J'ai reçu le télégramme de Votre Excellence n° 106 du 22 courant (*).

Votre Excellence peut dans son entretien d'aujourd'hui avec Sir Edward Grey lui annoncer la remise officielle de la note circulaire pour demain dans l'après-midi, et lui communiquer en même temps son contenu à titre strictement confidentiel et en le priant expressément de considérer cette communication comme strictement confidentielle.

59

Le comte Mensdorff au comte Berchtold

Télégramme n° 107.   Londres, le 23 juillet 1914.
Chiffré.

Je viens de parler à Sir Edward Grey, et je lui ai dit que je lui apporterais demain la note circulaire. En

____

(*) Voir n° 54.

attendant, je me proposais de lui fournir à titre strictement confidentiel quelques indications sur son contenu. Il me promit de n'en parler à aucun de ses collègues, et du reste à personne, avant la réception de la
note, et il ne prit pas de notes au cours de notre conversation.

De son côté il me dit qu'il ne m'avait pas jusqu'ici
parlé de cette question, parce qu'on devait la considérer
chez nous comme une affaire ne concernant que nous et
la Serbie, et qu'il ne savait pas jusqu'à quel point nous
avions des preuves de la complicité de la Serbie. Mais
on lui avait beaucoup parlé de cette question, et avec
de vives inquiétudes, et ces inquiétudes ne se bornaient
pas à un groupe de Puissances. Il avait répondu que
tout dépendait du point de savoir si nos accusations contre la Serbie étaient sérieusement fondées, et des satis-
factions que nous réclamions. Si nos griefs étaient bien
fondés, et si ce que nous exigions de la Serbie pouvait
être exécuté par cet Etat, on pouvait espérer que la
Russie agirait comme modératrice sur le Gouvernement
de Belgrade. Le danger était de voir l'opinion publique
russe s'enflammer en faveur des Slaves.

Il ne voulut pas se prononcer sur les indications
que je lui donnai au sujet de notre démarche (les points
essentiels de la note) avant d'avoir la note en main.
(Mais il parut impressionné par l'exactitude de plusieurs de nos points). Je lui dis que je croyais qu'un
délai serait imparti pour la réponse, mais que je ne
pourrais lui fournir des précisions que demain. Il
regretta le délai, parce qu'on s'enlevait par là la possibilité de laisser se calmer la première surexcitation et
d'agir sur le Cabinet de Belgrade pour le déterminer à
nous donner une réponse satisfaisante. On pouvait toujours poser un ultimatum si la réponse n'était pas acceptable.

J'exposai longuement notre point de vue (nécessité de repousser des entreprises subversives continuelles menaçant le territoire de la Monarchie, défense de nos intérêts vitaux, échec complet de notre attitude conciliante antérieure envers la Serbie qui depuis plus de trois semaines avait eu le temps de provoquer de sa propre initiative l'ouverture d'une instruction contre les complices de l'attentat, etc.).

Il reconnut les difficultés de notre position et parla sérieusement de la gravité de la situation. Si quatre grands Etats, l'Autriche-Hongrie, l'Allemagne, la Russie et la France étaient impliqués dans une guerre, il s'ensuivrait un état de choses qui équivaudrait à la banqueroute économique de l'Europe. Aucun crédit ne pourrait plus être obtenu, les centres industriels se soulèveraient, de sorte que dans la plupart des pays, qu'on fût vainqueur ou vaincu, bien des institutions existantes seraient balayées.

Je lui dis qu'à mon avis, en cette circonstance, en dépit de notre amour bien connu pour la paix, nous devions rester « très fermes » à l'égard de la Serbie. Je comptais toujours sur lui et sur son jugement objectif et équitable. Il répondit qu'avec de simples représentations à Pétersbourg on ne pouvait cette fois rien faire. Il fallait prouver à la Russie le bien-fondé de nos griefs et la possibilité pour un Etat comme la Serbie d'exécuter nos conditions. Ce qu'il y aurait de mieux serait un échange direct de vues entre Vienne et Pétersbourg. Il a été calme et objectif comme toujours, amical et non sans sympathie à notre égard. Il n'est pas douteux qu'il ne soit très préoccupé des conséquences possibles.

Je crains qu'il ne critique le caractère d'ultimatum de notre démarche et la brièveté du délai.

(*) Voir n°ˢ 51 et 52.

60

Le comte Szapary au comte Berchtold

Télégramme nº 152.   Pétersbourg, le 23 juillet 1914.
Chiffré. — Confidentiel.

Mon collègue d'Allemagne conclut de la concordance du langage qu'a tenu Monsieur Sasonow avant l'arrivée de Monsieur Poincaré et de celui du Président, que Sasonow a fait la leçon à ce dernier pour provoquer de la sorte une plus grande impression.

Il est caractéristique que Sasonow répande le bruit que Poincaré *m*'a trouvé très monté contre la Serbie, alors que pour des motifs évidents, je devais m'efforcer d'observer la plus grande réserve.

61

Le comte Berchtold aux Ambassadeurs I. et R. à Londres, Paris, Berlin, Rome, Pétersbourg et Constantinople et au Ministre I. et R. à Bucarest

Vienne, le 23 juillet 1914.

Adresse :

1. Comte Mensdorff, Londres, numéro 159 (*).
2. Comte Szecsen, Paris, numéro 151.
3. Comte Szogyény, Berlin, numéro 251.
4. M. de Mérey, Rome, numéro 858.
5. Comte Szapary, Pétersbourg, numéro 163.
6. Comte Czernin, Sinaïa, numéro 162.
7. Marquis Pallavicini, Constantinople, numéro 205.

Ad. I.
Secret

Comme parmi les Puissances de l'Entente, l'Angle-

(*) Voir la rédaction dans le Livre Rouge austrois-hongrois nº 9.

terre est la plus facile à amener à une appréciation *objective* de la démarche que nous entreprenons aujourd'hui à Belgrade, je prie Votre Excellence dans la conversation qu'Elle aura le 24 courant, à l'occasion de la remise de la note circulaire au *Foreign Office*, de faire ressortir qu'il dépendait de la Serbie d'émousser la pointe des mesures sérieuses auxquelles elle devait s'attendre de notre part en faisant spontanément le nécessaire en vue de l'ouverture sur le territoire serbe d'une instruction contre les complices serbes de l'attentat du 28 juin courant et de la découverte des trames qui, ainsi que l'a établi l'enquête sur l'attentat, aboutissent de Belgrade à Sarajevo.

Jusqu'ici le Gouvernement serbe, bien qu'une foule d'indices notoires désignent Belgrade, non seulement n'a rien entrepris sous ce rapport, mais a cherché à effacer les traces existantes.

C'est ainsi qu'on peut apprendre d'un rapport télégraphique de notre légation à Belgrade que le fonctionnaire serbe Ciganovitch compromis par les dépositions concordantes des auteurs de l'attentat, séjournait encore le jour de l'attentat à Belgrade, mais trois jours après, lorsque son nom fut mentionné dans les journaux avait déjà quitté la ville. Il est notoire que le chef de service de la presse serbe a déclaré que Ciganovitch était absolument inconnu à Belgrade.

En ce qui concerne la brièveté du délai imparti pour la réponse à nos demandes, elle doit être attribuée à notre expérience datant de longues années des moyens dilatoires serbes.

Nous ne pouvons pas faire des conditions dont nous exigeons l'exécution de la Serbie, et qui, dans les relations de deux Etats qui doivent vivre en paix et en bonne harmonie, n'offrent rien que de naturel, l'objet de négociations et de compromis, et, en égard à nos intérêts économiques, nous ne pouvons pas courir le risque d'accepter une méthode politique qui permettrait à la Serbie de prolonger à son gré la crise ouverte.

Ad. 2-7.

Secret

Je télégraphie au comte Mensdorff, ce qui suit :
(Suit le texte ad. 1.)

Comme parmi les Puissances de l'Entente... la crise ouverte.

Ce qui précède est pour votre information et pour régler votre langage le 24 courant.

62

Le comte Berchtold au baron de Giesl, à Belgrade

Télégramme n° 80.   Vienne, le 23 juillet 1914.
Télégramme chiffré. — Secret.

Je vous prie de ne pas faire la démarche prescrite pour cet après-midi à 4 heures, mais au plus tôt quelques minutes avant 5 heures.

Au cas où cela vous serait possible, je vous prie de retarder la démarche jusqu'à 6 heures, et, dans ce cas, il faudrait reporter dans la note le terme de l'expiration du délai de 48 heures à samedi 6 heures.

Pour votre information, j'ajoute que nous voulons éviter autant que possible que la nouvelle de l'exécution de la démarche parvienne ce soir à Pétersbourg, vu que le Président Poincaré y séjourne jusqu'à 11 heures du soir.

Je vous prie de me télégraphier d'urgence si vous exécuterez la démarche à 5 heures, ou si vous pouvez la remettre à 6 heures.

63

Le comte Berchtold au baron de Giesl, à Belgrade

Télégramme n° 81.　　　Vienne, le 23 juillet 1914.
Télégramme chiffré. — Secret.

A ce que nous apprenons, Monsieur Pachitch aurait l'intention de démissionner au moment de la réception de la note. La démission du Cabinet ne saurait naturellement exercer une influence sur la remise de nos demandes, ni sur le cours du délai de 48 heures, vu qu'il est bien connu qu'un Cabinet démissionnaire doit gérer les affaires avec entière responsabilité jusqu'à la formation d'un nouveau Cabinet.

Ce qui précède est pour l'orientation *éventuelle* de Votre Excellence et pour régler son langage vis-à-vis de Monsieur Pachitch.

64

Le baron de Giesl au comte Berchtold

Télégramme n° 171.　　　Belgrade, le 23 juillet 1914.
Chiffré.

Ultimatum.

Je remettrai la note au Ministre Patchu ce soir à 4 heures 1/2. Mon allusion à la nécessité d'informer le Président du Conseil absent Pachitch a été écartée comme inutile, parce que Patchu a été chargé hier par décret de l'intérim de la Présidence du Conseil et du Ministère des Affaires Etrangères.

65

Le baron de Giesl au comte Berchtold

Télégramme n° 173.   Belgrade-Semlin, le 23 juillet 1914.
Chiffré.

Ultimatum à la Serbie.

La note à ce sujet a été remise aujourd'hui à 6 heures du soir à Monsieur Patchu.

66

Le comte Berchtold au baron de Giesl, à Belgrade

Télégramme n° 83,   Vienne, le 23 juillet 1914.
Télégramme chiffré. — Secret.

Référence aux télégrammes 171 et 173 (*).

La désignation d'ultimatum choisie par vous pour
définir notre démarche d'aujourd'hui à Belgrade est
inexacte, vu que l'expiration du délai sans résultat n'est
suivie que de la rupture des relations diplomatiques, et
non immédiatement de l'entrée en l'état de guerre.
L'état de guerre n'interviendra qu'après la déclaration de guerre, ou, le cas échéant, à la suite d'une
agression serbe contre nous.

67

Le baron de Giesl au comte Berchtold

Télégramme n° 175.   Belgrade, le 23 juillet 1914.
Chiffré.

Ultimatum.

Le Président du Conseil des Ministres par intérim

(*) Voir n°° 64 et 65.
L. R. I.   10

Patchu m'a, après quelques hésitations, assigné un rendez-vous pour 6 heures de l'après-midi et m'a reçu à l'heure sonnante en présence du Secrétaire général Gruitch (vu que Patchu ne parle pas le français).

J'ai remis la note, et j'ai ajouté que le délai imparti pour la réponse expirait samedi à 6 heures du soir, et qu'à ce moment, si je n'avais pas reçu de réponse, ou une réponse insuffisante, je quitterais Belgrade avec le personnel de la légation ; que je désirais recevoir en même temps que la réponse le texte serbe des deux proclamations officielles pour pouvoir le contrôler.

Patchu, sans avoir lu la note, fit observer que c'étaient maintenant les élections, et qu'une partie des Ministres étaient absents; il craignait l'impossibilité matérielle de la convocation à temps du Conseil des Ministres entier pour une décision visiblement importante.

Le Conseil des Ministres était déjà réuni depuis 5 heures.

Je répliquai que le retour des Ministres dans l'âge des chemins de fer, des télégraphes et des téléphones, vu la faible étendue du territoire du pays, ne pouvait être l'affaire que de quelques heures, et que j'avais déjà ce matin suggéré comme utile de prévenir éventuellement M. Pachitch. Au surplus, c'était une affaire interne du Gouvernement serbe que je n'avais pas à apprécier. Il n'y eut pas d'autre discussion.

68

Le comte Berchtold au baron de Schiessl, à Ischl-les-Bains

Télégramme,   Vienne, le 23 juillet 1914.

Très urgent.

Je prie Votre Excellence de vouloir bien annoncer respectueusement en mon nom à Sa Majesté I. et R.

Apostolique que le ministre i. et r. à Belgrade a remis aujourd'hui l'après-midi à 6 heures au Ministre des Finances de Serbie Patchu la note relative au mouvement panserbe.

Le délai de 48 heures expire donc le samedi 25 à 6 heures du soir.

69

Le comte Berchtold à M. Otto, à Cettigné

Télégramme n° 133.　　　Vienne, le 23 juillet 1914.
Télégramme chiffré.

Réponse à votre télégramme n° 131 du 22 courant (*).

Vous êtes autorisé à mettre à la disposition de Sa Majesté le Roi, *à sa demande*, à titre strictement confidentiel, une copie de la note circulaire aux Puissances.

Vous pourrez faire observer à cette occasion que fort heureusement le dossier mentionné dans la note circulaire ne concerne en rien le Monténégro.

70

Le comte Berchtold aux Ambassadeurs I. et R., à Madrid, auprès du Saint-Siège, à Washington et à Tokio

Télégramme chiffré.　　　Vienne, le 23 juillet 1914.

Adresse :

1. Prince Fürstenberg, Madrid, numéro 14.
2. Prince Schonburg, Rome, numéro 40.
3. Docteur Dumba, Washington, numéro 23.
4. Baron Müller, Tokio, numéro 22.

(*) Voir n° 55.

1-3

Le ministre i. et r. à Belgrade a aujourd'hui jeudi 23 courant remis au Gouvernement royal serbe une note le sommant d'accepter dans le délai de 48 heures une série de conditions que nous nous sommes vu obligés de poser en raison des résultats de l'enquête de Sarajevo et de la conviction que nous devons mettre un terme à l'agitation menée depuis de nombreuses années de Belgrade dans nos pays frontières du Sud.

Ad. 1.

Ce qui précède est pour l'information de Votre Altesse et pour régler son langage. La dépêche d'information, que nous avons adressée au sujet de notre démarche à Belgrade aux représentants i. et r. accrédités auprès des Puissances signataires, suit par la valise.

Ad. 2.

Ce qui précède est pour l'information de Votre Altesse et pour régler son langage, ainsi que pour communication à Monsieur le Cardinal Secrétaire d'Etat. La dépêche d'information, que nous avons adressée au sujet de notre démarche à Belgrade aux représentants i. et r. accrédités auprès des Puissances signataires, suit par la valise.

Ad. 3.

Ce qui précède est pour l'information de Votre Excellence et pour régler son langage ainsi que pour communication à Monsieur le Secrétaire d'Etat.

Ad. 4.

Comme les résultats de l'enquête menée à Sarajevo ont établi que l'assassinat de l'archiduc héritier du trône a été résolu à Belgrade avec la coopération d'officiers et de fonctionnaires serbes, et que cet affreux attentat est la conséquence de l'agitation de la population de nos territoires frontières du Sud poursuivie depuis des années par la Serbie, nous nous sommes vu forcés de poser le 23 courant à Belgrade une série de conditions tendant à endiguer le mouvement subversif panserbe importé en Autriche-Hongrie. Pour l'exécution de nos conditions nous avons imparti au Gouvernement serbe un délai de 48 heures.

Je prie Votre Excellence de porter ce qui précède à la connaissance du Gouvernement Impérial.

Secret.

Il est bien possible que l'évolution ultérieure des événements aboutisse à un conflit armé avec la Serbie et éventuellement avec la Russie.

Je prie Votre Excellence de ne pas perdre de vue cette possibilité, et de me télégraphier, s'il vous paraît opportun d'attirer, le cas échéant, l'attention du Gouvernement de Tokio sur l'occasion favorable qui se présente.

71

Le comte Berchtold aux Ambassades
auprès des Puissances signataires, aux Missions des Balkans
et au Ministre I. et R. à Stokcholm

Prot. n° 5136-5147.   Vienne, le 23 juillet 1914.
Télégramme chiffré.

1. Ambassades auprès des Puissances signataires.
2. Missions des Balkans.
3. Comte Hadik, Stockholm.

1-3.

La remise de notre note à Belgrade a eu lieu aujour

d'hui jeudi à 6 heures du soir; le délai imparti pour la réponse expire donc samedi à 6 heures du soir.

Je vous prie de procéder à la correction du texte de la note dans ce sens.

72

Le comte Berchtold à toutes les Missions I. et R., à l'exception des Ambassades auprès des Puissances signataires, des Légations des Balkans, des Ambassades à Madrid, Rome (Vatican), Washington, Tokio et de la Légation à Stockholm.

Prot n°ˢ 5108-5129.   Vienne, le 23 juillet 1914.

Télégramme chiffré.

Le ministre i. et r. à Belgrade a remis aujourd'hui jeudi 23 courant au Gouvernement royal serbe une note le sommant d'accepter dans le délai de 48 heures une série de conditions que nous nous sommes vu forcés de poser en raison des résultats de l'enquête de Sarajevo et de la conviction que nous devons mettre un terme à l'agitation menée depuis de nombreuses années de Belgrade dans nos pays frontières du Sud.

Ce qui précède est pour votre information et pour régler votre langage.

73

Dépêche circulaire du comte Berchtold aux Agents I. et R. à Copenhague, à La Haye, à Bruxelles, à Dresde, à Munich, à Stuttgart, à Berne, à Madrid et à Lisbonne

Vienne, le 23 juillet 1914.

Adresse :

Comte Széchényi, Copenhague.
Baron Giskra, La Haye.
Comte Clary, Bruxelles,

Baron Braun, Dresde.
M. de Velics, Munich.
Comte Koziebrodzki, Stuttgart.
Baron Gagern, Berne.
Baron Gudenus, Madrid.
Baron Kuhn, Lisbonne.

La propagande panserbe existante depuis plusieurs années, qui se propose comme but la séparation de nos pays slaves du Sud, a revêtu la fin des dernières guerres balkaniques les formes les plus inquiétantes.

On peut considérer comme une conséquence directe de cette agitation fomentée de Belgrade, l'assassinat odieux commis à Sarajevo qui a rempli tout le monde civilisé d'horreur et d'indignation. D'après les résultats de l'instruction ouverte pour établir l'origine de ce projet criminel, l'attentat ne doit pas être attribué à la frénésie d'un individu isolé ; il est l'œuvre d'une conspiration à ramifications étendues dont les trames se rattachent au Royaume voisin.

Cette agitation qui, pour atteindre ses buts, a recourt aux moyens les plus répréhensibles et ne recule même pas devant l'assassinat, pouvait d'autant moins rester inconnue des milieux dirigeants de Belgrade qu'il est prouvé qu'un grand nombre de fonctionnaires publics serbes y ont participé.

La passivité bienveillante que le Gouvernement serbe a témoignée à l'égard de ces agissements criminels, m'a déterminé, ainsi que vous le verrez par la dépêche qui vous parvient en même temps, à lui adresser certaines demandes dont l'exécution prompte et sans réserves doit frayer la voie au rétablissement de relation normales avec le Royaume voisin.

Dans les dernières années, l'attitude du Gouvernement serbe nous avait déjà donné à diverses reprises des motifs fondés de recourir aux armes pour le maintien de notre prestige. Consciente de sa force, et animée du désir de maintenir la paix, la Monarchie a toutefois toujours fait preuve à l'égard des menées serbes d'une longanimité confinant à l'abnégation. L'amour de la paix que nous manifestions a malheureusement reçu une interprétation inexacte, en laissant surgir des doutes sur la force et l'unité de la Monarchie, et a accru démesurément l'outrecuidance de nos adversaires. Alors que les gouvernants de Belgrade et leurs organes nourrissent la croyance à la faiblesse de la Monarchie et à la possibilité de sa chute, ils espèrent préparer le terrain pour un moment où — en exploitant des différends sérieux qui pourraient surgir entre les grandes Puissances — l'instant serait favorable pour la Serbie pour la réalisation de ses aspirations.

Il répond aux tendances conservatrices de notre politique de détruire par tous les moyens l'illusion qu'il dépendrait du petit Etat voisin de déchaîner une guerre européenne, et de réaliser ses aspirations dirigées contre l'intégrité de la Monarchie. Nous sommes en conséquence convaincus que nous servons un intérêt européen général en assignant par une intervention énergique des bornes aux aspirations serbes, et en nous assurant, au besoin par la force, la tranquillité durable de notre frontière du Sud-Est.

Nous ne voulons toutefois pas renoncer à l'espoir que le Gouvernement serbe par l'acception sans réserve de nos exigences justifiées posera la base d'un développement pacifique de nos relations réciproques.

Je ne puis que m'en remettre à vous — lorsque vous aurez reçu connaissance de notre démarche en perspective à Belgrade — du soin de faire usage des considérations qui précèdent dans vos entretiens avec les hommes d'Etat dirigeants du pays de votre résidence.

Recevez, etc...

Saint-Denis. — Imp. A. Rincheval et Fils.

www.ingramcontent.com/pod-product-compliance
Ingram Content Group UK Ltd.
Pitfield, Milton Keynes, MK11 3LW, UK
UKHW022024170726
13837UKWH00001B/392